LE THÉATRE
CHEZ MADAME

PAR

ÉDOUARD PAILLERON

Sixième édition

PARIS

CALMANN LÉVY, ÉDITEUR

M DCCC LXXXI

LE THÉATRE
CHEZ MADAME

PARIS. — IMPRIMERIE CHAIX, 20, RUE BERGÈRE. — 14422-1.

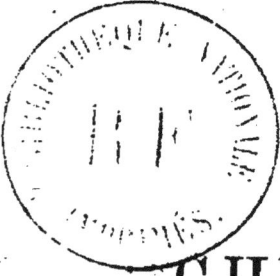

LE THÉATRE
CHEZ MADAME

PAR

ÉDOUARD PAILLERON

PARIS

CALMANN LÉVY, ÉDITEUR

1881

AU LECTEUR

AU LECTEUR

Tandis qu'il en est temps, lecteur, un mot tout bas :
Nous avons tous les deux, ensemble une heure à vivre,
Et puisque le hasard l'un à l'autre nous livre,
Parlons un peu de nous avant d'en être las.

Si tu n'es pas de ceux que l'ombre seule enivre,
Si tu tiens pour la proie et le fait, en ce cas,
Prends un journal, mon maître, et ne prends pas un livre...
Où le meilleur toujours est ce qu'on n'y met pas.

Tu n'y trouverais rien qui flatte ta manie :
J'ai fort peu de science et, quant à du génie,
C'est bon quand on est mort et je suis bien vivant.

Mais, si tu veux causer, alors je suis ton homme :
Heureux que, ceci fait, chacun de nous, en somme,
Ait, après, un ami qu'il n'avait pas avant.

PROLOGUE

PROLOGUE

Moi, je voudrais, dans ce temps où,
Reprenant la plume aux marquises
Le roman la passe au voyou,
Écrire des choses exquises ;

Retourner à Monsieur Dorat,
En habit vert tendre m'ébattre,
Et fendre, d'un air scélérat,
Les cheveux de l'amour en quatre !

La fausse force et les gros cris,
Les pots de fer qui sont des cruches,
Les Dantons, article-Paris, .
Et les Hercules en baudruches,

Les tréteaux, la farce et l'acteur,
Tout dégage un relent si fade,
Que j'ai des soifs d'eaux de senteur
Et des fringales de pommade !

Et je rêve de fuir ce temps
D'écœurements et de décombres,
Pour remonter le cours des ans,
Et marivauder chez les ombres,

D'évoquer le passé charmant,
Et cette élégante folie
D'un siècle qu'exagérément
Le siècle de Trinquet oublie;

Ce monde qui de loin sourit
Derrière un éventail de soie,
Où le mot n'était pas l'esprit,
Où le bruit n'était pas la joie

Brave, leste, joli, flambant !
Et d'une politesse telle
Que l'épée avait un ruban
Et les bottes de la dentelle

Tout de satin, pailleté d'or,
Habitant ce pays bleuâtre
Peint par Watteau comme un décor,
Où l'on parlait comme au théâtre,

Dans cette langue pleine d'art,
Nette et sobre, mais ample et fière,
Qui ne suffit pas à Ricouard
Et suffisait à la Bruyère

Ces salons, écoles de goût,
Où l'on trouvait, rare merveille !
Ce qu'on ne trouve plus du tout,
La vieille femme — qui soit vieille !

Et je me prends à regretter
Tous ces charmants diables à quatre
Qui se battaient sans s'insulter,
Loin de s'insulter sans se battre.

Oui, quand j'entends les bruits connus
Qu'autour du coche font nos mouches :
Les premiers et derniers venus,
Les vieilles et nouvelles couches ;

Quand je vois pour unique effet,
Brailler le seul peuple qui cause,
Quand je vois les rois qu'il se fait
Et les dieux dont il est la cause ;

Comme Bordas dans les Rachel,
Quand je vois, dans les Longueville,
Madame Louise Michel
Rentrer dedans sa bonne ville !

Quand je vois (comme Petit-Jean)
Oser enfin tout ce qu'on ose....
J'ai le désir intransigeant
De m'évader de cette chose !

Je cherche en mon rêve, un séjour :
Royaume, Empire ou République ;
Mais sans vitriol en amour
Et sans pétrole en politique !

Et je reviens, avec excès,
A cette époque délicate
Où l'argot n'était pas français,
Où l'art n'était pas démocrate

Au temps, qui me semble enchanteur,
Où l'Esprit avait d'autres fêtes,
Un autre Dieu que l'Électeur,
Et d'autres élus pour prophètes...

Et je redis, la bouche en cœur,
Ce qu'avec des façons si belles,
Le blond Léandre, ce vainqueur,
Disait aux blondes Isabelles !

COMÉDIES

LE

CHEVALIER TRUMEAU

COMÉDIE EN UN ACTE, EN VERS

PERSONNAGES

ISABELLE

MARTON

LE CHEVALIER TRUMEAU

Chambre fin Louis XIV, très élégante, toilette, canapé, fauteuils, meubles du temps, cage à perruche, pagode, porcelaines et, en général, tout ce qui, à cette époque, garnissait une jolie chambre de jolie femme. Porte au fond, portes latérales. Au moment où la toile se lève, la porte du fond est refermée avec violence par quelqu'un qui sort. — Isabelle et Marton sont sur le théâtre : Marton, tenant différents objets de toilette à la main et près d'une porte latérale, a l'air d'arriver pour la fin d'une scène qui se termine. Isabelle, continuant une conversation, va rapidement à cette porte du fond que l'on vient de fermer brusquement et, en faisant une révérence aigre-douce :

ISABELLE, MARTON.

ISABELLE.

Et moi bien aux regrets de dire : Non, mon père !

MARTON, de même.

Non, monsieur ! nous et lui ne ferons pas la paire,

ISABELLE, de même.

Et, ne l'épousant point, j'entends ne point le voir.

MARTON, de même.

Il n'aurait qu'à nous plaire ; on ne peut pas savoir !

On entend fermer la porte à clef.

ISABELLE, avec indignation.

Et vous pouvez fermer sur moi verrous et grille,
J'aimerais mieux mourir !...

MARTON, de même.

Et même rester fille !
Voilà, pour en tâter, un plaisant animal !

ISABELLE, défaillant sur le canapé.

Ah ! Marton ! ah ! Marton !

MARTON, courant à la porte et criant par le trou de la serrure.

Elle se trouve mal !
Ah ! père infortuné ! déplorable Isabelle !

Se retournant et avec calme, à Isabelle, qui s'agite convulsivement.

Oh ! ce n'est plus la peine, allez, mademoiselle,

Vous pouvez revenir à vous, il est parti.

Ébranlant la porte.

Et porte close! Il faut en prendre son parti.

ISABELLE.

Ah! ma pauvre Marton, il est impitoyable!

MARTON.

Çà, maintenant que j'ai crié comme un beau diable,
Dites-moi donc pourquoi, car je criais d'instinct.

ISABELLE.

C'est vrai, tu n'étais pas près de moi ce matin,
Et tu ne peux savoir à quel point s'exaspère
Sur sa fille, Marton, l'autorité d'un père...
Il veut me marier, mon enfant.

MARTON.

Jusque-là,
Je ne saisis pas bien l'horrible de cela.

ISABELLE.

Quand je dis qu'il le veut, entends qu'il me l'impose.

MARTON.

Ouais! je vois l'enclouure, et c'est tout autre chose.

ISABELLE.

Et ce, sans consulter en rien mon sentiment.
Conçois-tu? Je le veux! Moi, naturellement,
J'ai dit...

MARTON.

Je ne veux pas.

ISABELLE.

Tu comprends?

MARTON.

Eh! madame,
Pour ne pas vous comprendre il faut n'être pas femme.

ISABELLE.

Qu'est-ce à dire? Où va-t-il? Depuis quand jette-t-on
Des filles de ma sorte au nez des gens, Marton?
Et ce mari tout fait, le rustre! Est-ce l'usage
Qu'on s'épouse à tâtons, sans se voir au visage?
Pour n'être pas coquette, encor veut-on savoir
Le peu que sur un cœur nos yeux ont de pouvoir.
Mais non : Je veux! Je veux! pas même : Je vous prie.
J'entends me marier, et non qu'on me marie,

Si je le fais jamais! Car, malgré leurs serments,
Les hommes ne sont bons qu'en qualité d'amants,
Quand leur désir veut bien nous trouver adorables,
Mais, en cessant d'aimer, ils cessent d'être aimables.

MARTON.

Cela vaut fait. Alors qu'ils ont touché le but...
Serviteur!

ISABELLE.

Et voilà des attraits au rebut,
Une femme esseulée, un homme atrabilaire,
A qui l'on ne plaît plus et qui défend de plaire!
Que non, non! si tant est qu'on ait quelques appas,
Pour un tel avenir je ne les garde pas...
Ni lui ni d'autres, tiens la chose pour certaine.

MARTON.

Eh! madame, il ne faut jamais dire : Fontaine...

ISABELLE.

Me prétendre infliger un mari de sa main!

MARTON.

Voyez-vous le fantasque!

ISABELLE.

Et cela, pas demain ;
Il veut me l'amener, aujourd'hui, tout à l'heure !
J'en suis outrée, et peu s'en faut que je ne pleure...

Avec un gros soupir.

Viens m'habiller, Marton.

MARTON.

Bravo ! pour achever,
Madame, on ne sait pas ce qui peut arriver ;
Toujours femme ou soldat doit être sous les armes ;
D'ailleurs, la toilette est le respect de nos charmes.

Isabelle s'assied devant la glace et Marton commence à procéder
à sa toilette.

ISABELLE.

Et sans entendre à rien, tu vois, dans la maison,
Pour vaincre mon refus on me tient en prison...
Cet époux-là promet. Suis-je assez malheureuse ?

MARTON, tout en l'accommodant.

Ah çà ! c'est donc un masqué, une figure affreuse ?

ISABELLE.

Qu'en sais-je et que m'importe?

MARTON.

Eh! beaucoup, s'il vous plaît.
Un bel homme... c'est beau!

ISABELLE.

Qu'il soit beau, qu'il soit laid,
Pour moi ce m'est tout un.

MARTON.

Pas pour moi, malepeste!
S'il est beau! c'est toujours ça de pris... sur le reste.
Je l'aurais voulu voir avant de dire non...
Quoi? vous n'en savez rien?

ISABELLE.

Rien.

MARTON.

Pas même son nom?

ISABELLE, dédaigneusement.

Trumeau.

MARTON, avec éclat.

Le chevalier! Mardi! sans honte aucune,
Moi, je l'épouserais... et plutôt deux fois qu'une.

ISABELLE.

Tu le connais?

MARTON.

Trumeau! vous avez du bonheur!
Certes, je le connais — en tout bien tout honneur, —
Et ne lui sais qu'un tort, mais qui me désespère,
C'est d'être un épouseux du cru de votre père.

ISABELLE.

Donne-moi donc le rouge.

MARTON.

A vous? avec ce teint?
On arrose les fleurs, est-ce que l'on les peint?...
Trumeau! ce mari-là me ferait plus envie
Pour huit jours seulement qu'un autre pour la vie...
Il est charmant, madame, et jeune...

ISABELLE.

Oh! Marton, fi!

MARTON.

Écoutez donc! un jeune en fait plus de profit.
Ajoutez...

ISABELLE.

A ton sens, où mettre cette mouche?

MARTON.

Là, dans ce petit creux où l'on mettrait la bouche.
Ajoutez qu'étant riche, il est d'un genre amant
Qu'on prend plus qu'on ne jette — assez communément.

ISABELLE.

Attache donc mon corps : que me fait qu'il soit riche?

MARTON, la regardant décolletée.

Hélas! peut-on laisser tant de bon bien en friche!

ISABELLE, la repoussant doucement.

Là! là! qu'elle est fâcheuse! as-tu fini ce jeu?
Tu bavardes trop fort et m'habilles trop peu.
J'ai froid... Que ta façon de coiffer est maussade !
Quel air ont mes rayons? et cette palissade?
Que regardes-tu là? Finis donc, une fois

MARTON.

Ah! si le chevalier voyait ce que je vois,
Il en voudrait casser, c'est moi qui vous le jure,
Fût-ce en dépit de vous, et tiendrait la gageure !...
Quelle moisson de lis! c'en est impertinent.

ISABELLE.

Mais, Marton, veux-tu bien te taire, maintenant!..
C'est à faire rougir, si femme qu'on puisse être.

MARTON.

Et ce bras! et ce pied! qui se cache, le traître
Mule jamais prit-elle un plus joli peton!
Le mignon! quel amour!

ISABELLE.

Es-tu folle, Marton?

MARTON, l'amenant devant la glace.

Non, mais, de bonne foi, voyons, mademoiselle.
Là, pour monter en graine êtes-vous pas trop belle ?

ISABELLE, se tournant vers elle et avec indulgence.

Toi-même, tu n'es pas sans beauté, le sais-tu?

MARTON.

Oui, madame, et c'est bien gênant... pour ma vertu.

ISABELLE.

Main blanche, teint fleuri, jambe belle... un peu forte.

MARTON.

Comme doivent l'avoir les filles de ma sorte,
Ma jambe n'est pas mal ! mais la vôtre est bien mieux.

ISABELLE.

Tu trouves ?

Regardant Marton.

Le plus beau de toi, ce sont les yeux,
Ils sont, à dire vrai, d'un éclat incroyable.

MARTON.

Et ces pauvres enfants, les vôtres, font le diable !

ISABELLE.

Flatteuse ! ils seront mis trop tôt à la raison,
Sous l'affront qu'on leur fait ! Me tenir en prison
Vit-on jamais forcer et contraindre une femme
Avec un procédé plus brutal !

MARTON.

Eh! madame,

Avec tous ces grands mots tristes comme des vers,
Pourquoi vous mettre ainsi la cervelle à l'envers?
Pour Dieu! plantez-moi là vos airs de tragédies.
Êtes-vous si malade? Oyons vos maladies :
Votre frère est un sot, votre père un crésus,
Vous êtes belle et nette et dessous et dessus;
Pour avoir un mari vous n'avez rien qu'à dire,
Le reste à l'avenant et ce n'est pas du pire :
Chaque jour chaque habit, je dis des plus coquets,
Et des maîtres de tout et quatre grands laquais
A votre queue! Enfin, pour vous finir de peindre,
Seize ans! ah! jarnidieu! voilà bien de quoi geindre.

ISABELLE.

Mais, tu jures, Marton?

MARTON.

Si j'avais seulement,
Le quart d'un pareil père et d'un pareil amant,
Je me tiendrais pour folle, ayant si bonne chose,
Si les fleurs de ma joue en perdaient une rose,

Et je soupirerais, mardi! d'un autre ton.

ISABELLE.

Encore, s'il était de qualité, Marton!

MARTON.

Ouais! voilà donc l'endroit où notre b3t nous blesse !
Mais il est chevalier, êtes-vous de noblesse?

ISABELLE.

Mon père a nom Balourd.

MARTON.

Et vous y tenez?

ISABELLE.

Non.

MARTON.

Eh bien! mariez-vous, vous changerez de nom...
Trumeau me plaît.

ISABELLE.

Toujours! Ah! la fâcheuse affaire,
Mon enfant!

MARTON.

Prenez-le, croyez-moi.

ISABELLE.

Pour quoi faire?

MARTON.

Pour quoi? parce que l'homme est notre lot commun,.
Parce qu'il faut toujours en aimer... au moins un !

ISABELLE.

Mais tu crois donc que l'homme est un mal nécessaire ?

MARTON.

Pour nécessaire, il l'est; pour un mal, — au contraire.

ISABELLE.

Alors, c'est donc un bien, mon enfant?

MARTON

Il paraît.

ISABELLE.

Marton, je veux te dire une chose en secret.

MARTON.

Bon cela !

ISABELLE.

Tu seras muette!

MARTON.

Comme vous-même.
Pour sûr, on m'a dû faire en secret, tant je l'aime!

ISABELLE.

Sache donc que jamais... un homme ne m'a fait
Sentir ce que tu dis.

MARTON.

Quoi donc?

ISABELLE.

Mais cet effet...
Ce... cette émotion... ce... je ne sais quoi...

MARTON.

Peste!
Du jargon précieux!...

ISABELLE.

Bon! tu m'entends de reste.

MARTON.

Quoi! ni soins, ni soupirs, ni larcins à l'écart.
Rien ne vous a fait?

ISABELLE.

Rien.

MARTON, montrant son cœur, puis sa tête.

Là! ni là, par hasard?

ISABELLE.

Rien! d'honneur! Et, pourtant, je m'y suis appliquée.

MARTON.

Il faut que vous ayez été mal attaquée !
Pour moi, quand on m'en conte au matin, ça me suit
Et tout le long du jour, et quelquefois la nuit.

ISABELLE.

Mais, qu'est-ce que tu sens?

MARTON.

Dame!... je sens... l'envie
De revoir... de... je sens... Eh! merci de ma vie,
Vous me feriez lâcher quelque bourde, à la fin,
Madame, et m'est avis que vous jouez au fin.

ISABELLE.

Pour moi, j'ai toujours cru que, quand on se marie,

C'est bienséance pure.

MARTON.

Ouais !

ISABELLE.

Non, sans raillerie.

MARTON.

Tarare !

ISABELLE.

Je te jure...

MARTON.

Ah ! si le chevalier

Vous priait bien...

ISABELLE.

Dût-il prier et supplier,
Jamais ton chevalier ne passera ma porte.

Elle va tirer le verrou.

MARTON.

Quelqu'autre alors ?

ISABELLE.

Ni lui ni d'autres ! Que m'importe ?

3

Car je ne comprends rien à tout ce que j'entends
De cette belle flamme...

MARTON.

Eh bien! moi, je prétends
Que fille, en bon français, ne voulant pas dire arbre,
Vous êtes comme moi, — qui ne suis pas de marbre,
Et ne faites pas fi, plus que moi, d'un amant;
Qu'on vous épousera, comme moi, — congrûment;
Que vous le désirez comme je le désire,
Et plus que moi peut-être, — et ce n'est pas peu dire!

ISABELLE.

Tiens pour certain que non.

MARTON.

Non?

ISABELLE.

Non, assurément.

MARTON.

Et si je vous prouvais le contraire?

ISABELLE.

Et comment?

MARTON.

Bon ! je veux vous prouver qu'en amour, —ou je meure,
Vous êtes plus friande... et cela tout à l'heure.

Elle va vers la coulisse.

ISABELLE.

Toi, Marton ?

MARTON, *revenant.*

Et pas d'autre.

ISABELLE.

Et de quelle façon ?

MARTON.

C'est affaire à moi...

Allant à la coulisse et appelant :

More ! allons ! Petit garçon !
La perruque et l'habit du frère d'Isabelle !
Preste ! avec le chapeau ! Vous nous la baillez belle !

Revenant.

Ah ! vous êtes de roche ?

Elle sort.

ISABELLE.

Où vas-tu?

MARTON, dans la coulisse, passant la tête sur le théâtre.

Sarpejeu!
Madame, laissez faire, et vous verrez beau jeu.

ISABELLE.

Eh quoi!... tu veux?...

MARTON, même jeu.

Je veux en tenter l'entreprise,
Il faut que vous ayez, vous dis-je, été mal prise.

ISABELLE.

Mais encore?

MARTON, même jeu.

Je veux vous en conter, c'est clair.
Vous verrez ce que c'est qu'un amant du bel air.

ISABELLE.

Es-tu badine?

MARTON, même jeu.

Allez! allez! si j'étais homme,
Je ferais le pendard!.. Vous riez?... C'est tout comme,

Vous n'y perdrez que peu.

ISABELLE, riant.

La folle est à lier!
Comment te faudra-t-il appeler?

MARTON, dans la coulisse.

Chevalier!

ISABELLE.

Quoi, tu sauras l'intrigue et soutiendras la feinte?

MARTON.

J'ai servi deux abbés, n'ayez donc pas de crainte.
J'en ai de tous les tons : du tendre, du galant,
Du plaintif et du gai... même de l'insolent...
Vous verrez si je sais jouer mon personnage.
Tenez-vous bien d'abord, car je vais faire rage.

ISABELLE.

La folâtre! Il en faut passer par où tu veux.
Mais que vas-tu donc faire, enfin?

MARTON, même jeu.

Poussez mes feux!
Tenez-vous bien, vous dis-je, et soyez-moi cruelle.

ISABELLE, mélancoliquement.

Au fait, quand je rirais un peu !

Elle s'installe pour la recevoir, puis après un temps:

MARTON, entrant en cavalier, perruque, habit, veste, canons, dentelle, petite épée, et lestement.

Parbleu, ma belle,
On a peine à vous voir !

ISABELLE, un peu interdite.

Comment donc !... Chevalier !...
Ah ! Marton... tu me fais un effet singulier.

MARTON.

Votre âne de portier, hallebarde à la cuisse,
Pourrait le mieux du monde être pris pour un suisse
Depuis une heure et plus, je croque le marmot.
Le butor !...

ISABELLE.

C'est qu'elle a l'air, le geste et le mot.

Entrant dans son rôle.

Ah ! Chevalier, la feinte est bien imaginée.
Le vrai, c'est qu'autre part, toute l'après-dînée,
Vous avez coqueté... Voilà de nos amants !

MARTON, s'asseyant à côté d'Isabelle.

Non, d'honneur? Tenez-moi pour coquin si je mens...
Au fait, vous ai-je dit?...

ISABELLE.

Quoi donc?

MARTON.

Que je vous aime.

ISABELLE.

Vous êtes un badin.

MARTON.

Furieusement même.

ISABELLE, raillant.

Cela n'est pas encor parvenu jusqu'à moi.

MARTON.

Nous autres, gens de cœur, sommes si fous, ma foi,
Qu'il faut nous deviner... mais j'en veux à ma bouche...
Comment donc! vous voilà d'un fleuri qui me touche.

ISABELLE, minaudant.

Fi! ne regardez point! non! non! retournez-vous!
Je suis du dernier laid. — Fi! vous dis-je, entre nous,

Depuis tantôt deux nuits j'ai pensé rendre l'âme.

MARTON.

Serait-ce point au cœur qu'est le mal... Eh! madame ?
Et quelque passion ?...

ISABELLE.

L'affreux mot que voilà !
De la passion, moi !

MARTON, se levant et d'un ton fort animé.

Cachez-moi bien cela.
Mordieu! si j'avisais un rival par la chambre!...

Elle fait le geste de tirer son épée et prend sa tabatière.

Prenez-vous du tabac? Le mien fait honte à l'ambre.

ISABELLE.

A moi!... Fi! du tabac?

MARTON.

Ceci pour vous prouver
Qu'avec vous je n'entends en rien me réserver...
A propos, chez Lami, quand soupons-nous ensemble?

ISABELLE.

Chevalier, vous perdez le respect, ce me semble,

Une fille de nom au cabaret, l'horreur!

MARTON.

Un cabaret? Lami? rayez-moi cette erreur!
Oh! oh! c'est un traiteur de marque; il y fréquente
Des femmes, comme vous, de vertu conséquente
Et même des maris.

ISABELLE.

Quoi! des femmes, vraiment!
Vont avec leurs maris!...

MARTON.

Oh! non... séparément.

Elles rient toutes deux.

ISABELLE, riant.

Elle met à son rôle un esprit incroyable.

MARTON, fredonnant.

La! la! la! Vous savez le couplet impayable
Que j'ai fait là-dessus?

ISABELLE.

Se peut-il? un couplet?
Vous êtes donc poète?

MARTON.

Un peu, quand il me plaît.

ISABELLE.

J'écoute.

MARTON, se posant pour chanter.

« Quand l'amour chez Lami vous conduira, mesdames,
» De son traître de vin gardez bien vos esprits,
  .» Car le vin qu'y boivent les femmes
  » Porte à la tête des maris. »

Elles rient toutes deux.

ISABELLE, riant.

C'est charmant!

MARTON, modestement.

Il ne s'en faut de guère.

ISABELLE, riant.

Charmant! Mais pourquoi faire une si rude guerre
A ces pauvres maris? Ce n'est pas généreux.

MARTON.

C'est que ces goulus-là n'en veulent que pour eux
Mais ils ont beau gronder et faire bonne garde,
On croquera bien aile ou pied de la poularde...

Ceci, sans me compter; moi je n'ai d'appétit
Que de filles.

ISABELLE.

Eh! mais, c'est le meilleur parti.

MARTON, s'approchant d'elle et avec douceur.

Aussi, ma belle, aussi, jugez de mon ivresse
Si, pour moi, s'éveillait votre jeune tendresse!
Quel plaisir d'être ainsi l'objet de feux naissants!

ISABELLE, coquetant.

Comment le dites-vous?

MARTON.

Mais... comme je le sens.

ISABELLE.

Ma tendresse, je crois, assez peu vous importe.

MARTON.

Moi! je mourrais pour vous ou le diable m'emporte!

ISABELLE.

A d'autres! Aime-t-on les gens d'emblée ainsi?

MARTON, s'approchant d'elle encore.

C'est la mode de cour, et c'est la bonne aussi,
N'allez pas me traiter en courtaud de boutique.

ISABELLE, se défendant.

Mais vous ne manquez pas, que je vois, de pratique.

MARTON, la serrant de près.

Ne m'amusez donc point.

ISABELLE, à Marton, qui a passé son bras autour de sa
taille.

Que fait là cette main ?

MARTON.

Je cherche votre cœur.

ISABELLE, dénouant son bras.

Vous prenez un chemin !...

MARTON.

A quoi bon ces retards populaires, ma reine ?
De ce que vous valez, n'ai-je pas l'âme pleine ?

ISABELLE.

Flatteur ! par quel talent ai-je pu vous charmer ?

MARTON, la pressant.

N'ayez pour tout talent que celui de m'aimer
Et laissez à l'ardeur de ma reconnaissance...

ISABELLE, se défendant toujours.

Prouvez-moi son ardeur par son obéissance...

MARTON, de plus en plus pressant.

J'obéis à mon cœur, seul guide d'un amant.

Elle l'embrasse.

ISABELLE, se levant un peu effarouchée.

Monsieur le chevalier!.. Ah! Marton! mais vraiment!
Tu te déguises trop !

Marton recommence.

Marton !

MARTON, jouant la passion.

Je vous adore !

La faisant rasseoir doucement.

Croyez-moi ! croyez-moi ! quand je vous dis encore
Que, selon votre arrêt, mon sort est, en ce jour,
De mourir de douleur ou de mourir d'amour.

ISABELLE, étonnée.

Quoi ! Pour un peu, je pense, elle en viendrait aux larmes

MARTON.

Mais nier mon amour serait nier vos charmes,
Et vous ne feriez pas, belle, à votre beauté
L'injure d'en avoir, fût-ce un instant, douté...
Parlez à votre tour, ô ma chère Isabelle ;
Assurez qu'à mes vœux vous n'êtes pas rebelle.
Vous rougissez ? Rougir, c'est bien répondre un peu...

ISABELLE.

Brisons là !... Tiens, Marton, finis ; cessons ce jeu.

MARTON, clignant de l'œil du côté du spectateur et parlant
toujours plus passionnément.

Dites-le-moi, ce mot où tout mon être aspire,
Et que lorsque je souffre et lorsque je soupire
Vous aussi soupirez et souffrez comme moi.

ISABELLE.

Chevalier... Non, Marton... tu me gênes... tais-toi.

MARTON, même jeu.

Ah ! de grâce, rompez ce silence farouche ;
Qu'un regard de vos yeux, qu'un pli de votre bouche,
Que le frémissement de votre douce main
Suspende pour un temps ce supplice inhumain
Par l'espoir d'un retour qui double mon ivresse...

Isabelle songe, Marton s'agenouille devant elle.

Eh ! quoi, vous vous taisez, ô ma chère maîtresse ?
Ayez pitié de moi qui suis à vos genoux...
Je languis et je meurs, je meurs, entendez-vous.
Car j'attends votre amour et votre amour se nomme
Ma vie !

ISABELLE, *baissant la tête.*

Hélas ! Pourquoi n'es-tu pas ce jeune homme ?

MARTON, *éclatant de rire et se relevant.*

Quand je vous le disais ! Et ce n'est là qu'un jeu !
Si j'étais ce jeune homme ! alors jugez un peu
Quel bien autre dégât j'eusse fait dans la place !

ISABELLE, *avec confusion.*

Mais c'est à n'oser plus te regarder en face.

MARTON.

Sentez-vous le possible à présent d'un époux ?

Bruit de serrure à la porte du fond, on frappe.

Le Chevalier ! Voici le pas... le sentez-vous ?

Silence.

Allons !

ISABELLE, avec un soupir.

Enfin ! qu'il entre !

MARTON, l'imitant.

Enfin !

A part.

Elle le saute !

Elle va vers la porte.

ISABELLE, arrêtant Marton par la main.

Ah! vilaine Marton, ce sera bien ta faute.

Marton va tirer le verrou de la porte du fond. La toile tombe.

FIN DU CHEVALIER TRUMEAU.

PENDANT LE BAL

COMÉDIE EN UN ACTE, EN VERS

PERSONNAGES

ANGÉLIQUE

LUCIE

PENDANT LE BAL

Un petit salon dans la nuit. — Porte à deux battants au fond.
— Fenêtres d'angle à droite et à gauche. — Portes latérales.
— Grande table au milieu, fauteuils, canapé, borne-pouf entre
la table et le mur de gauche. — Angélique et Lucie entrent
par la porte du fond. — Elles sont en toilette de bal. — Longs
voiles de dentelle encapuchonnant la tête. — Elles tiennent
chacune à la main un bougeoir allumé qu'elles posent succes-
sivement sur la table à leur première réplique. — La scène
s'éclaire. — On entend la musique du bal à la cantonade.

ANGÉLIQUE, LUCIE.

ANGÉLIQUE, douloureusement.

Quel malheur!

LUCIE, avec impétuosité.

Dis plutôt quel crime! En pleine joie,
En plein bal, sans pitié, voilà qu'on nous renvoie!

ANGÉLIQUE.

Parce que je suis pâle et j'ai l'air languissant.

LUCIE.

Parce que je suis rouge et m'exalte en dansant.

ANGÉLIQUE.

La mariée, en vain, a supplié ma mère...

LUCIE,

En vain, j'ai câliné, même embrassé mon père...
Car c'est mon grand moyen, je l'embrasse et souris;
D'ordinaire, ça prend toujours... Ça n'a pas pris !

On entend la musique s'accentuer un peu.

Eux s'amusent ! et nous... Mais que faire, Angélique ?

ANGÉLIQUE.

Nous coucher.

LUCIE, bondissant.

Me coucher ! quand j'entends la musique,
Quand tous les bruits d'en bas ravivent mes douleurs,
Quand j'ai la fête en moi : les toilettes, les fleurs,
La danse !... oh ! le galop !

ANGÉLIQUE.

Et la mazurke lente !

LUCIE.

Et les petits messieurs à la phrase galante :
« Mademoiselle », un point. « Il fait bien chaud », un point.
Et la valse à deux temps, quand on ne vous voit point !

ANGÉLIQUE.

Note qu'on nous fait tort du cotillon, Lucie.

LUCIE, exaspérée.

Sans parler du souper, moi j'ai faim... quelle scie !

ANGÉLIQUE.

Il était beau ce bal !

LUCIE.

Ce bal était charmant !
C'était même le seul agréable moment
D'un mariage bête.

ANGÉLIQUE.

Oh ! Lucie...

LUCIE.

Oui, très bête !
Épouser un vieux veuf !

ANGÉLIQUE.

Pas vieux,

LUCIE.

Mais quelle tête !
Aussi la mariée en poussait des hélas !...
Ah ! c'est moi, ce jour-là, qui ne pleurerai pas !

ANGÉLIQUE.

Qui le sait ?

LUCIE.

En tous cas, que je rie ou je pleure,
Bien fin qui me fera coucher d'aussi bonne heure...
Mon Dieu ! que je voudrais qu'aujourd'hui fût ce jour !
Et toi ?

ANGÉLIQUE, doucement.

J'obéirai lorsque viendra mon tour.

LUCIE, l'imitant.

Lorsque viendra mon tour... Oh ! cet air de victime...

Voyons... entre nous deux, dis ta pensée intime :
Quel mari voudrais-tu ?

ANGÉLIQUE.

                    Mais d'abord, je prétends
Qu'avant de m'épouser il m'aime, et très longtemps ;
Qu'il s'occupe de moi sans cesse, qu'il m'écrive,
Que partout et toujours il soit là quand j'arrive,
Et ne m'aborde pas avec un air vainqueur,
Mais, de loin, me regarde...

LUCIE.

                    Une main sur le cœur !...
Brun ou blond ?

ANGÉLIQUE.

Brun !

LUCIE.

Moi, blond !

ANGÉLIQUE.

                    Pâle comme la neige.

LUCIE.

Et que veux-tu qu'il soit dans le monde ?

ANGÉLIQUE.

Que sais-je !

LUCIE.

Moi, je voudrais qu'il fût général !

ANGÉLIQUE.

C'est bien vieux.

LUCIE.

Pas toujours ! Et d'ailleurs il m'en aimerait mieux.

ANGÉLIQUE.

Et puis tous ces soldats... Ils sont autoritaires...

LUCIE.

Pour leurs femmes ? jamais ! Très doux, les militaires !
Vois mon oncle Vielfond, son grand cordon au cou :
Ma tante vous le fait trotter comme un toutou !
Et n'est-ce pas gentil, faibles comme nous sommes,
De faire trembler ceux qui font trembler les hommes?
Et leur noble uniforme où le plus laid est beau ;
L'épaulette étoilée et la plume au chapeau !
Et leurs aides de camp, pomponnés, flairant l'ambre,
Et plus obéissants que des femmes de chambre...

Et la musique ! et le drapeau du régiment !
Et le canon qu'on tire à leur enterrement !

ANGÉLIQUE.

Es-tu folle ! Pour moi, j'aimerais un poète,
Un coureur d'idéal, oui, quelque âme inquiète,
Et qui, dans de beaux vers...

LUCIE, plaintivement.

Oh ! des vers ! oh ! pourquoi ?

ANGÉLIQUE.

Pour me parler d'amour et de ciel...

LUCIE.

Et de toi !...
Ce serait bien plus gai de passer la revue.

ANGÉLIQUE.

Le soir, par la forêt vaguement entrevue,
Nous irions, tous deux seuls et rêveurs, à pas lents...

LUCIE.

Bè ! Bè ! Vous auriez l'air de deux moutons bêlants ;
Ton poète est malade et ta forêt sinistre...

A défaut d'un soldat, j'aimerais un ministre.

ANGÉLIQUE.

Un ministre aujourd'hui l'est si brièvement.

LUCIE.

Ou bien un diplomate.

ANGÉLIQUE.

Oh ! ma chère... assommant !

LUCIE.

Enfin quelqu'un qui soit... quelqu'un dont je me flatte...
Un juge !

ANGÉLIQUE.

Encor bien vieux !

LUCIE.

C'est si beau, l'écarlate !

ANGÉLIQUE.

Dire qu'on ne sait pas lequel sera l'époux !
Que cet être attendu, dont le nom seul est doux,
Celui qui vous dira le premier : « Je vous aime ! »
Qui nous prendra pour lui d'un mot, d'un regard même,

Et nous emmènera, notre main dans sa main,
Où? qui le peut savoir? quand? peut-être demain!
En qui tout l'avenir de notre cœur repose,
Sur l'idéal charmant duquel à peine on ose
Lever les yeux du rêve et dont on parle bas,
L'ami, le maître, enfin... on ne le connaît pas!...
C'est effrayant, Lucie!

La musique cesse.

LUCIE.

Oh! bien, si c'est un maître,
C'est bien plus effrayant encor de le connaître!
Moi, qui j'épouserai, je l'ignore; en tous cas,
Je sais, mais très bien, qui je n'épouserai pas:
C'est un monsieur pareil au héros de la fête
D'aujourd'hui... Non! ce veuf! as-tu vu cette tête?

ANGÉLIQUE.

Il a l'air d'être bon.

LUCIE.

C'est la beauté des vieux!
Bon! Il faut être beau! Mais lui? quel nez! quels yeux!
Et frisé! Pourquoi donc l'homme a-t-il cette rage

De se faire friser le jour du mariage ?...
Et ce cou rouge et nu comme un cou de dindon,
Et ce tic de toujours vous demander pardon,
Et cet air effaré devant sa belle-mère !
Déjà !... Dis donc, as-tu remarqué, quand le maire
A dit : « La femme doit obéir au mari »,
Il s'est fait un silence !... Et personne n'a ri !
Les dames ont pris l'air de quelqu'un qui se choque
Et mon oncle a grogné tout bas : « Oui, je t'en moque ! »

ANGÉLIQUE.

C'est dans la loi ; tu sais, d'ailleurs, quoi de plus doux :
Aimer, c'est obéir.

LUCIE.

Pour l'homme ! pas pour nous !
Pour une femme, aimer, ça veut dire qu'on l'aime.
La mariée, au fond, l'a bien compris de même,
Va ! Moi, j'ai vu cela d'abord rien qu'à son « oui ».
Un petit « oui » tout sec... Et son veuf ! Inouï !...
«Oui, Monsieur.» S'il n'a pas pleuré, c'était tout comme :
« Oui, Monsieur. »

ANGÉLIQUE.

Il était intimidé, pauvre homme !

LUCIE.

De quoi ? de dire un « oui » ? Le maire est son fermier :
D'ailleurs, puisqu'il est veuf, ce n'est pas le premier.

ANGÉLIQUE.

Ah ! c'est que ce mot-là, pense donc, est si grave...
Nous verrons bien comment tu le diras, toi, brave !

LUCIE.

Moi ? Ah ! moi, je ferai carrément mon devoir,
Je ne glousserai pas mon « oui », moi ! Veux-tu voir,
Tout de suite ?

ANGÉLIQUE.

Mais non.

LUCIE.

Mais si ! ce sera drôle !...
Si ! — nous nous marierons chacune, à tour de rôle...
Nous avons ce qu'il faut ici pour le décor :
Une salle, une table et puis... quoi donc encor ?

Elle cherche autour d'elle et arrange les meubles à mesure qu'elle
les nomme.

Les deux fauteuils, le livre... Ah! bien, oui, mais le buste?

Elle prend un buste de Minerve sur la cheminée et va le poser sur un support vide derrière la table.

Je l'ai! La ressemblance est très faiblement juste...

Minerve! Oh! si souvent on en change... Voilà!

Elle indique le devant de la table où sont les fauteuils.

La fiancée, ici! c'est toi! le maire, là...

Elle indique le derrière de la table, du côté du mur.

C'est ce gros pouf, tu vois?

Elle passe autour de la borne-pouf qui est entre le mur et la table son voile de dentelle.

Avec l'écharpe au ventre...

Ou plutôt, non! c'est moi, le maire...

Elle recule le pouf, roule l'écharpe autour d'elle et s'installe devant la table.

ANGÉLIQUE.

Et si l'on entre?

LUCIE.

Que non!

Prenant une voix d'homme.

Mademoiselle! Hum! Hum! Consentez-vous
A prendre... enfin... Monsieur... Ta! ta! ta pour époux?

Silence.

Va, donc!

ANGÉLIQUE.

Je n'ose pas.

LUCIE.

Mais personne n'écoute.

ANGÉLIQUE, doucement.

Oui, Monsieur.

LUCIE.

Oh ! ce *oui !* l'on dirait qu'il te coûte !
Ce n'est pas ça du tout ! tiens ! prends ma place ! à moi !

Angélique passe derrière la table, Lucie passe devant.

Et sois majestueuse et fière, étant la Loi !
Tu vas voir...

Elle mime ce qu'elle dit.

Moi d'abord, au mot « mademoiselle ».
Je baisse les yeux, bien ! laissant la kyrielle
Aller jusqu'à la fin sans autre mouvement,
Quand c'est fait, je m'incline... Oh ! mais légèrement.
Et je réponds... Allons, parle ! tu vas comprendre.

ANGÉLIQUE, faisant la grosse voix.

Mademoiselle...

LUCIE, baissant les yeux.

Là !

ANGÉLIQUE.

Consentez-vous à prendre...
Ta ! ta ! ta ! pour époux ?

LUCIE, incline un peu la tête, la relève et très haut :

Oui, Monsieur !

ANGÉLIQUE, scandalisée.

Trop hardi !

LUCIE.

Un *oui* n'est pas un *non*, on dit ce que l'on dit.
D'ailleurs, ces choses-là sur moi n'ont pas de prise.
Où j'aurai vraiment peur, mais peur ! c'est à l'église !

On entend la musique qui reprend doucement.

ANGÉLIQUE.

Oh ! cette grande porte ouverte à deux battants,
Ce Dieu qui semble dire : Entrez ! je vous attends
Ces cloches en gaîté sonnant leurs tintamarres,
Le tonnerre de l'orgue éclatant en fanfares.

Cette grave douceur des chants religieux
Qui vous serrent le cœur et vous mouillent les yeux,
Toutes ces grandes voix des grandes cathédrales !
Jusqu'aux cierges avec leurs clartés sidérales,
Dans ce ciel de la nef aux ors éblouissants,
Un ciel d'apothéose où des' blancheurs d'encens
Montent comme un nuage ou comme la pensée...
Et puis ce monde enfin, cette foule pressée
Qui vous cherche... oh ! d'abord je me trouverais mal,
Je mourrais !

LUCIE.

Tu mourrais ? Oh ! pas avant le bal !
Aucune femme encor n'a fait cette folie ;
Quelque chose soutient !.. La toilette est jolie !

ANGÉLIQUE.

Oh ! mais rien qu'à poser le pied sur ce tapis,
Lorsque l'on entre..

LUCIE.

Et quand on sort.. Ah ! c'est bien pis !
Quand on entre d'abord, c'est au bras d'un ancêtre.
On est fraîche, on est belle, ou, du moins, on croit l'être.

5

ANGÉLIQUE.

Du parvis à l'autel, pense à ce long chemin!

LUCIE.

C'est moins que rien cela! Tiens! donne-moi la main...

Elle la prend par la main.

Je suis l'ancêtre. Boum! Boum! Boum! La cloche sonne...

ANGÉLIQUE, montrant d'un geste effrayé une foule imaginaire.

Mais tout ce monde-là?...

LUCIE.

Tout ce monde ou personne,
Que t'importe? as-tu pas un grand voile? et baissé?

Elle lui arrange son voile comme un voile de mariée.

Là! Marche maintenant.

Angélique marche.

Oh! d'un pas moins pressé
D'un pas coulant et souple et que rythme la soie...
Comme ça.

Elle marche seule devant elle.

Pas plus vite... il faut bien qu'on te voie.

Angélique marcha comme elle.

Très bien!.. Non! je te dis, ce n'est rien que d'entrer;
La musique cesse.

Mais sortir ! oh ! sortir quand l'on vient de pleurer,
Que le voile est levé, la tête découverte,
Que l'on est décoiffée et cramoisie ou verte!
Et que, pour voir la femme au bras de son mari,
Tout un peuple effronté, turbulent, ahuri,
S'étouffe autour de vous... quelle figure faire ?
Et dans la sacristie encore... quelle affaire !
Être gaie... Est-ce bien ? Être grave... Est-ce mieux ?
Et tous ces inconnus bavards et curieux,
A qui, sans les entendre, il faut pourtant répondre,
Et les gens à conseils, et la dame hypocondre
Qui, de votre bonheur, vous fait bien compliment,
Mais ne vous cache pas qu'il dure rarement ;
Et ceux dont la figure étonnée et polie
Porte écrits ces deux mots terribles : pas jolie!
Et votre mère en pleurs qui rit ou fait semblant,
Le teint trop échauffé sous un chapeau trop blanc!
Et ce qu'on vous embrasse et j'embrasse ! et j'embrasse !
Les vieux surtout! les vieux ! allez donc! Pas de grâce!
Et l'on vous dit « madame » avec l'air triomphant,

Et l'on pousse et l'on crie, et l'air est étouffant,
C'était le mariage et ça devient la noce,
Jusqu'aux gens de maison qui sont là... C'est atroce!

ANGÉLIQUE.

Oui, c'est un jour bien triste, en somme, que ce jour
Où chacun vient fouiller dans notre cher amour,
En compte les trésors, critique où s'émerveille,
Traite notre âme enfin comme notre corbeille...
C'est à se marier bien loin, dans un désert!

LUCIE.

Ça manquerait d'orchestre...

On entend jouer une valse.

Écoute !

ANGÉLIQUE.

A quoi ça sert ?

LUCIE.

Une valse !

ANGÉLIQUE.

Qu'importe !

LUCIE.

Oh ! mais tu n'es pas gaie !

Elle écoute.

Je t'en prie ! oh ! valsons !

Elle va prendre par la taille Angélique qui se défend mollement.

ANGÉLIQUE.

Non ! je suis fatiguée...

LUCIE, insistant.

Tu ne le serais pas si nous étions au bal...
Allons, invitez-moi, voyons, mon général !

ANGÉLIQUE.

Non !

LUCIE, l'entraînant.

Vous pourrez bien faire un tour ou deux !

ANGÉLIQUE, cédant.

J'en doute.

Elles valsent.

LUCIE, tout en valsant.

Qu'est-ce que c'est que ça ? Vous avez donc la goutte ?

La ! La ! La ! La ! C'est bien, tu tiens le mouvement !...
On dirait que l'on a des ailes... C'est charmant !
On sent ce doux vertige aux angoisses étranges
Que doivent sentir seuls les oiseaux — ou les anges !...
Oh ! que c'est amusant ! On plane ! On n'est plus soi !
Est-ce moi qui te mène, Angèle, ou si c'est toi ?...

ANGÉLIQUE, tout en valsant.

Assez !

LUCIE, de même.

Non ! Non ! Encore !

ANGÉLIQUE, de même.

Assez !

LUCIE, de même.

Comment ! tu bâilles ?
Ah ! général, voilà le fruit de vos batailles !

ANGÉLIQUE, se dégageant et se laissant tomber sur le
canapé.

Grâce ! Je n'en puis plus !

LUCIE.

Ce serait inhumain

D'insister. Moi j'irais ainsi jusqu'à demain.

ANGÉLIQUE, prenant son bougeoir.

Moi, je vais me coucher.

LUCIE.

Quelle heure peut-il être?
On n'a ni montre ni pendule... Ah! la fenêtre...

Elle va à la fenêtre et soulève le rideau.

Tiens!

ANGÉLIQUE, allant à la fenêtre aussi.

Quoi donc?

LUCIE.

Tu vois bien ce liseré vermeil
Tout au bord de la nuit! Eh! bien, c'est le soleil.

Elle va prendre aussi son bougeoir.

ANGÉLIQUE, bâillant.

J'aime mieux que ce soit une autre qu'on marie.

LUCIE.

Ah! ce baby! Dodo! Dodo!...

Elle l'embrasse.

ANGÉLIQUE, l'embrassant aussi.

Bonsoir, chérie.

Elle va vers la porte de droite.

LUCIE, allant vers la porte de gauche.

Comment dis-tu ? bonsoir!... tu peux dire bonjour!

ANGÉLIQUE, à sa porte entr'ouverte et se retournant.

Réve de mariage!

LUCIE, de même, lui envoyant un baiser.

Et toi, rêve d'amour!

Elles sortent. — La musique continue doucement jusqu'au baisser du rideau.

FIN DE PENDANT LE BAL.

LE NARCOTIQUE

COMÉDIE EN UN ACTE, EN VERS

PERSONNAGES

CASSANDRE

PIERROT

OCTAVE

ISABELLE

MARINETTE

LE NARCOTIQUE

Un salon Louis XIV. — Portes au fond, à droite et à gauche. — Au lever du rideau, Octave est couché sur un canapé et enveloppé de couvertures. — La porte du fond s'ouvre et Pierrot entre furtivement, un panier au bras. Octave attend que Pierrot soit vis-à-vis de lui pour rejeter ses couvertures et se lever.

SCÈNE PREMIÈRE

OCTAVE, PIERROT.

OCTAVE, bondissant sur ses pieds.

Maraud ! Coquin ! Pendard ! Bélître ! Je te chasse !

PIERROT.

Là ! Monsieur, là ! tout doux ! j'arrive de la chasse !

OCTAVE.

A quelle heure vient-il ?

PIERROT, frappant sur le panier.

        Voici, sur le souper,
Ce que, par préciput, j'ai pu vous attraper.
C'est Marinette...

        OCTAVE, ouvrant le panier.

        Assez ! Va-t-en fermer la porte !...
Ah ! brute ! Ah ! maitre sot ! Voyez ce qu'il m'apporte !

        PIERROT, épanoui.

C'est un gigot à l'ail.

        OCTAVE.

        A l'ail, butor !... Enfin,
Je mangerai du pain..

        PIERROT.

        Vous avez donc bien faim

        OCTAVE. Il mange.

Si j'ai faim ! Il se moque ! Une faim enragée ...
Triste affaire, Pierrot, et bien mal engagée.

        PIERROT.

A qui la faute ?

OCTAVE.

Au ciel qui, sans se radoucir...

PIERROT.

A vous qui l'empêchez, Monsieur, de réussir.

OCTAVE.

Un jour, voilà deux mois, j'avise aux Tuileries
Une beauté, — Du pain ! — je dis des plus fleuries
J'en deviens fou d'abord à perdre la raison.

PIERROT.

Moi, je la suis...

OCTAVE, dévorant.

Du pain !

PIERROT lui en coupe et lui en donne tout en parlant.

Jusques à sa maison,
Où j'entre et m'ingénie, et j'apprends que la belle
Est femme de Cassandre et se nomme Isabelle ;
Cassandre est médecin, je m'y prends de longueur ;
Je lui dis que mon maître est mourant de langueur ;
Je propose une somme un peu plus qu'ordinaire ;
Bref, il mord et vous prend comme pensionnaire.

OCTAVE.

Encor du pain !

PIERROT, retournant le panier.

Ah mais, c'est que...

OCTAVE.

Comment? plus rien !

PIERROT, lui offrant un cure-dents.

Si Monsieur veut...

OCTAVE, le lui arrache des mains et le jette.

Maroufle !

PIERROT, plaintif et le ramassant.

Oh ! Monsieur, c'est le mien !

OCTAVE.

Depuis deux mois Cassandre a-t-il vent de la ruse ?
Mais je suis son malade et le drôle en abuse.
A-t-il à mes façons flairé l'homme de cour ?
Est-ce pour me guérir ou me jouer d'un tour ?...

A Pierrot qui a mordu dans le gigot furtivement.

Qu'est-ce que tu fais là ?

PIERROT, la bouche pleine.

Monsieur, c'est une miette.

OCTAVE.

Mais depuis ces deux mois ma vie est une diète !
Soigne-t-il le malade ou berne-t-il l'amant ?
Le fait est que je jeûne abominablement.

PIERROT.

Que Cassandre n'a pas de perversité telle !
Mais vous êtes, Monsieur, toute sa clientèle ;
Or, il gagne sur vous ; pourtant, notez ce point,
Qu'il y gagne bien plus quand vous ne mangez point.

OCTAVE.

Encor si, sur ses droits permettant que j'empiète,
Isabelle...

PIERROT.

Oui, par là, c'est encore la diète !
A qui la faute encore et qui voit, c'est le mot,
Son béjaune céans ?

OCTAVE.

Mais Pierrot !...

PIERROT, le contrefaisant et changeant de ton.

Mais Pierrot !...

Vous avez dix-huit ans ; ce défaut de nature
Rend timide au lancer et gauche à l'aventure,
Je le veux ; toutefois vos débuts sont trop doux,
Je commence, achevez ! je vous aide, aidez-vous !

OCTAVE.

Mais Pierrot !...

PIERROT s'animant.

Mais Pierrot !... Enfin de quelle glace
Êtes-vous fait ? Comment ! Je vous mets dans la place ;
Vous voyez, grâce à moi, la belle tous les jours ;
Pour qu'on vous laisse seuls j'imagine cent tours,
Enfin tout ce qu'il faut pour lui dire qu'on l'aime...
Je ne puis pourtant pas en faire plus... moi-même

OCTAVE.

Drôle !

PIERROT.

Et rien jusqu'ici que des lanternements,
Et des yeux en coulisse et de beaux sentiments !...

Vous poussez des soupirs à rouiller les étoiles,
Et vous voilà tous deux, là-haut, pris dans vos toiles,
Accrochés dans le bleu, n'osant dans votre vol,
De peur de vous crotter, descendre sur le sol...
Et cela, quand, tous deux, vous en crevez d'envie!...
Oui! tous deux! Elle aussi! Tous deux! Mort de ma vie!
Êtes-vous un malade? Êtes-vous un amant?
Car c'est à s'y tromper, Monsieur, réellement...
Vous! un marquis! deux mois devant cette bourgeoise!

OCTAVE.

Eh! lorsque là-dessus tu me chercheras noise!
Peut-être, si c'était une femme de cour,
Que je serais moins gauche à lui faire ma cour;
Elle est naïve au point que j'en suis ridicule ;
Devant cette candeur, mon audace recule.
Loin d'elle, je lui tiens des discours insensés ;
Mais quand elle est là, seule, avec ses yeux baissés,
Et la placidité sereine d'une amie...
J'ai honte de frapper à cette âme endormie,
La rougeur de son front charmant gagne le mien,
Et je bats la campagne et je n'avance à rien,

6

Tant à parler d'amour, j'aurais peur de sa haine !

PIERROT.

Vous me faites, vraiment, Monsieur, beaucoup de peine.

OCTAVE.

C'est une fleur, Pierrot.

PIERROT.

Il faut donc la cueillir.
Vous parlez trop, Monsieur : bavarder c'est vieillir.
Je ne parle pas, moi, consultez Marinette.
Dès mon entrée ici, son affaire était nette,
Vos soins et vos soupirs vous retardent d'autant....
Moi, j'embrasse d'abord, et vais en augmentant !

OCTAVE.

Maraud ! oses-tu bien comparer cette belle ?...

PIERROT.

Oh ! Monsieur, que ce soit Marinette, Isabelle,
Voyez-vous, à part l'âge et la forme et le nom,
Une femme est toujours une femme.

OCTAVE.

Oh ! que non !

Isabelle n'est pas...

PIERROT.

On n'aurait pas la paire,
D'accord, et son mari n'est pour elle qu'un père.

OCTAVE.

Pourquoi pas ?

PIERROT.

Ah ! jeunesse ! Et moi je vous redis
Que telle qu'elle était au temps du Paradis,
La femme est toujours femme et, pour être bourgeoise,
Ni plus ni moins, au fond, curieuse et matoise.
Je vous dis qu'elle enrage à vous voir aussi lent...
En amour, le respect est parfois insolent !
Vous vous déshonorez ! Fi ! vous, un homme jeune...
Mais vous n'avez donc pas encore assez du jeûne !

OCTAVE, avec énergie.

Certe !

PIERROT.

Alors vous voulez en sortir à tout prix ?
Comme aussi du pathos où vous vous êtes pris ?

OCTAVE.

Ah ! si j'osais... oser !·

PIERROT.

Eh bien, laissez-moi faire,
Et me chargez, Monsieur, de cette double affaire.

OCTAVE.

Pierrot ! je te défends !...

PIERROT.

Non ! par la sambreguoi !
Vous oserez, Monsieur, où vous direz pourquoi !

OCTAVE.

Mais...

PIERROT.

Vous serez repu dès ce soir, ou je meure !

OCTAVE.

Mais Pierrot...

PIERROT.

Non, Monsieur! Vous allez tout à l'heure
Perdre ce haut-de-chausse à force de maigrir;
Non, Monsieur! ma pudeur ne peut pas le souffrir!

OCTAVE.

Songe...

PIERROT.

Mon siège est fait!

OCTAVE.

Pourtant...

. PIERROT.

Chut! Marinette...
Vite! l'air abattu d'un amant à la diète!

Pierrot recouche Octave sur le canapé et l'enfouit sous les
couvertures.

SCÈNE II

OCTAVE, PIERROT, MARINETTE.

MARINETTE, à Octave.

Monsieur...

PIERROT, bas à Marinette.

Baise-moi !

MARINETTE, de même.

Mais...

PIERROT, de même.

Très fort !

MARINETTE, l'embrassant très fort.

Eh bien, voilà !

Octave bondit sous ses couvertures et gémit.

PIERROT, bas à Octave.

Monsieur, ce n'est pourtant pas douloureux, cela.

OCTAVE, le bourrant.

Drôle !

MARINETTE, à Octave.

C'est le docteur...

Pierrot l'embrasse.

Pierrot !

OCTAVE furieux, bas, à Pierrot.

Coquin ! j'espère
Que cela va cesser.

Il se retourne sous ses couvertures et continue à gémir.

PIERROT, à part.

Bon ! mon remède opère.

MARINETTE, à Octave.

C'est le docteur, Monsieur, qui va se rendre ici
Pour vous voir.

OCTAVE, d'une voix faible.

Et madame Isabelle ?

MARINETTE.

Elle aussi.

OCTAVE, toujours geignant.

Qu'il entre.

PIERROT qui écrit, à Marinette.

Attends! tu vas tout à l'heure remettre
A Cassandre, céans, ce petit mot de lettre.

MARINETTE.

De qui?

PIERROT, écrivant toujours.

D'un inconnu qui vient de repartir...
Bonne âme! tu n'es pas en peine de mentir.

MARINETTE.

Mais quand?

PIERROT, même jeu.

Tu sortiras quand je te ferai signe.
Mon génie en travail enfante un tour insigne!

MARINETTE.

Mais comment?

PIERROT, même jeu.

Ce n'est pas l'instant d'être bavard.

MARINETTE.

Pourquoi ?

PIERROT, se levant.

Ni curieux... Tu sauras tout plus tard.

Il lui donne la lettre et l'embrasse.

MARINETTE, se défendant.

Mais Pierrot !

OCTAVE furieux, toujours sous ses couvertures.

Mais Pierrot !...

Marinette sort.

PIERROT.

Et maintenant, qu'il entre !

A Octave.

Monsieur, c'est pour vous mettre un peu de cœur au ventre !

SCÈNE III

OCTAVE, PIERROT, CASSANDRE
puis MARINETTE.

CASSANDRE, à Pierrot.

Eh bien, comment va-t-il ?

PIERROT.

Toujours faible ; merci !

CASSANDRE, flairant.

Je perçois des odeurs singulières ici.

PIERROT, cachant le panier.

C'est quelqu'eau de senteur... de la reine d'Hongrie...

CASSANDRE.

Non, c'est plutôt... de l'ail.

PIERROT.

Quelle plaisanterie !

CASSANDRE.

C'est comme un relent de... gigot...

PIERROT, l'entraînant vers Octave.

Venez le voir.

CASSANDRE.

Eh bien, Monsieur... Monsieur! êtes-vous mieux, ce soir ?

PIERROT.

Il ne vous entend pas.

Cassandre écarte les couvertures et découvre le visage d'Octave.

MARINETTE.

Oh! Monsieur, quel dommage!
Un jeune homme si doux et beau comme une image!

CASSANDRE.

Que fais-tu là, coquine, et que ne t'en vas-tu ?

Secouant légèrement Octave.

Répondez-moi! Monsieur! Il paraît abattu.

MARINETTE.

Il dort.

CASSANDRE.

Toi, va-t-en voir si l'on heurte à la porte.

MARINETTE.

Puisqu'il n'y vient jamais de malade, qu'importe !

CASSANDRE, la chassant.

Il m'importe si bien, carogne !..

A Pierrot, quand elle s'est sauvée.

Elle a raison,

On ne meurt plus, Pierrot.

PIERROT.

C'est la morte saison.

CASSANDRE, examinant le malade.

Et que ressent ton maître ?

PIERROT, montrant son estomac.

Il sent là comme un vide.

CASSANDRE.

Bon !

PIERROT.

Mais énorme !

CASSANDRE.

Bien !

PIERROT.

Une langueur...

CASSANDRE.

Morbide.

Bon !

PIERROT.

Des const...

CASSANDRE.

...trictions ! très bien ! qui lui font mal ?

PIERROT.

A crier !

CASSANDRE.

Bon ! très bien !

PIERROT, à part.

Bon ! très bien ! animal !

CASSANDRE.

A-t-il faim ?

PIERROT.

Toujours faim !

CASSANDRE.

C'est de la boulimie !...
Manger serait fatal à son économie.

PIERROT, à part.

C'est à la tienne, ladre.

CASSANDRE, tâtant le pouls d'Octave.

Or ça, voyons la main...
Ah ! s'il mangeait ce soir, nous serions beaux, demain !...
L'as-tu pas pressenti touchant mon petit compte ?

PIERROT.

Il est si faible encor, que j'en aurais eu honte.

CASSANDRE.

Si faible ! Pas si faible, il se monte aujourd'hui...

PIERROT.

Mon maître ?

CASSANDRE.

Eh non ! mon compte ! Ah ! pour ton maître, lui.

Coma, trismus, tenesme, un pouls qui ne va guère...

CENTER: PIERROT.

Comment dites-vous ça ?

CENTER: CASSANDRE.

Dans la langue vulgaire
On pourrait appeler son mal... encore, non !
On ne peut lui donner précisément ce nom :
La physiologie et la pathologie,
Symptomatologie et sémiologie,
D'après le pronostic et le diagnostic,
Disent que c'est un mal... lequel, voilà le hic !
Tu comprends ?

CENTER: PIERROT.

Dame, et vous ?

CENTER: CASSANDRE.

C'est un mal de jeunesse,
Et même assez connu pour qu'on le reconnaisse,
Qui sévit — quand on a vingt ans comme il les a :
Alias : *Veneris ardor fraudulosa.*
Tu comprends ?

PIERROT.

Dame, et vous ?

CASSANDRE.

Pour moi, la chose est claire.

Apercevant Isabelle qui entre.

Ma femme !

OCTAVE, à part.

Elle !

CASSANDRE, tenant toujours la main d'Octave.

On dirait que le pouls s'accélère,
Il parait agité.

PIERROT.

Sans le dire en latin,
Il grouille comme ça, du soir jusqu'au matin.
Et même à ce propos...

CASSANDRE, à Isabelle qui est descendue près de lui.

Ah ! c'est vous, Isabelle

SCÈNE IV

OCTAVE couché, PIERROT, CASSANDRE,
ISABELLE.

CASSANDRE.

Est-ce que d'aventure un malade m'appelle?

ISABELLE.

Non, monsieur.

CASSANDRE.

C'est alors que le souper est prêt ?

ISABELLE.

Oui, monsieur.

CASSANDRE.

Bon cela!

ISABELLE.

Mais, le malade?

7

CASSANDRE.

Il est
Comme il sera demain, comme il était la veille.

ISABELLE.

Pauvre jeune homme!

CASSANDRE.

Eh! mais, le voilà qui s'éveille...

A Octave.

Eh bien?

OCTAVE, d'une voix faible.

Je me sens mieux.

Il feint d'apercevoir Isabelle et va pour se lever.

Ah! madame, pardon!

CASSANDRE, le faisant recoucher.

Voulez-vous bien rester! un malade! allons donc!

OCTAVE, résistant.

Au moins, permettez-moi...

CASSANDRE, le recouchant.

Je ne veux rien permettre.

Quand le médecin parle on n'a qu'à se soumettre.

OCTAVE, furieux, à part.

Je ne sais à quoi tient...

CASSANDRE, mettant la tête sur sa poitrine.

Ne bougez pas! J'entends
Là, depuis quelques jours, des bruits inquiétants.
Toc! toc! toc! tiens Pierrot! écoute le malade.

Pierrot essaie de mettre sa tête aussi sur la poitrine d'Octave
qui le repousse.

OCTAVE.

Au diable!

PIERROT.

C'est le cœur qui bat...

Octave lui donne un énorme coup de pied.

Oh!... la chamade!

A Isabelle, l'invitant à écouter aussi le malade.

Si madame...

ISABELLE, baissant les yeux.

Oh! Pierrot!

CASSANDRE, regardant Octave qui s'agite.

Système délabré,
Facies rubescent et pouls réitéré...
Demain, j'aurai recours à la phlébotomie.
Pour aujourd'hui, la diète... Allons souper, ma mie.

PIERROT, arrêtant Cassandre.

Monsieur, auparavant, j'aurais, à son propos,
A vous dire en secret, quelque chose en deux mots.
Madame, cependant, aidera le malade
A faire en son jardin un tour de promenade.

CASSANDRE.

Il est bien excité.

OCTAVE, d'une voix faible.

Et mon valet, docteur,
Vous comptera l'argent dont je suis débiteur.

CASSANDRE.

Ah!... soit!

(Pierrot et Isabelle font lever Octave qui prend le bras
d'Isabelle.)

PIERROT, à Octave.

Appuyez-vous!

A Isabelle.

Sa faiblesse est extrême.

ISABELLE, à Octave.

Vous souffrez?

Isabelle et Octave se mettent lentement en marche.

OCTAVE.

Ah! le mal dont je souffre, je l'aime!

ISABELLE.

Vous vous en guérirez.

OCTAVE, tendrement.

Si j'en étais guéri,
Je souffrirais bien plus!

PIERROT, à part,

Voilà l'amphigouri.

CASSANDRE, qui pendant ce temps a cherché dans ses
poches un papier qu'il en tire à la fin.

J'ai là le compte!

A Isabelle et à Octave.

Un tour, un seul, pas davantage.

PIERROT, bas à Octave.

Plus de gestes, monsieur, et moins de bavardage !

SCÈNE V

PIERROT, CASSANDRE.

PIERROT.

Et pour le faire court, je voudrais voici quoi...

CASSANDRE, déployant un mémoire énorme.

Hein! comme c'est heureux! je l'avais pris sur moi!

PIERROT.

Il s'agit de mon maître...

CASSANDRE.

Hic est le petit compte.

PIERROT.

Il ne dort plus, monsieur.

CASSANDRE.

Au total, cela monte,
Sans qu'on en puisse rien ou réduire ou nier,
A sept cents livres net, sans sol et sans denier.

PIERROT.

A chaque instant la nuit, il s'agite, il s'éveille...
Or, quand il ne dort pas, vous comprenez, je veille.

CASSANDRE.

Tant pour médicaments au malade et bons soins...

PIERROT.

Je n'ai pas fermé l'œil depuis vingt jours au moins...

CASSANDRE.

Que pour avoir nourri Pierrot son domestique...

PIERROT.

C'est pourquoi vous allez lui faire un narcotique.

CASSANDRE, sursautant.

Un nar...

PIERROT.

...cotique.

CASSANDRE.

Et pour ?...

PIERROT.

...l'empêcher de gémir.

CASSANDRE.

Et qui?

PIERROT.

Mon maître.

CASSANDRE.

Et quand?

PIERROT.

La nuit où, sans dormir,
Il sursaute, vous dis-je, et geint comme la bise,
Ce qui me permettra de ronfler à ma guise... ;
Criant.
Comprenez-vous?

CASSANDRE, songeur.

Attends! pas encore très bien!

PIERROT, criant.

Mon maître ne dort pas...

CASSANDRE, toujours songeur.

Et tu veux un moyen...
Un philtre, un narcotique...

PIERROT.

En un mot, de ces choses
Qui lui tiennent, la nuit, bouche et paupières closes..
Criant.

Comprenez-vous?

CASSANDRE, profond.

Peut-être!

PIERROT.

Enfin! c'est étonnant.

CASSANDRE.

Revenons à ce compte.

PIERROT.

Après! donnant, donnant!
D'abord mon narcotique, après, votre mémoire.

CASSANDRE.

Ah! tu veux?...

PIERROT.

Tout de suite.

CASSANDRE, lui montrant la porte du laboratoire.

Entre au laboratoire;
Cherche au fond, sur ma table, et rapporte illico
Une fiole noire et marquée A, Z, O.

PIERROT.

A, Z, O.

A part.

Je n'ai pas si mal joué mon rôle.

Haut.

A, Z, O, je reviens à l'instant.

Il entre dans le laboratoire.

SCÈNE VI

CASSANDRE, le regardant aller et après un silence, avec
éclat.

Ah! mon drôle!
Serpent que je nourris et réchauffe en mon sein,
Je ne saisis pas bien ton ténébreux dessein...
Je ne le saisis pas, mais je le subodore!

Se retournant vers le fond par où sont sortis Octave avec
Isabelle.

Et toi, ce que tu veux tu ne l'as pas encore,
Faux moribond sous qui j'ai flairé le galant...

Regardant par la fenêtre dans le jardin.

Oui, tortille de l'œil et prends ton air dolent..:
Ah! si j'étais muni d'une preuve assez forte!
Ou seulement plus riche en clients d'autre sorte...
Mais je n'ai que lui seul! Vainement, tous les jours,
Je me montre au Jardin, je me fais voir au Cours,
Guettant au carrefour, épiant dans la rue
Quelque calamité pour être secourue :

Duel, écrasement, morsure, mors aux dents...
Rien! rien! et toujours rien! Pas même d'accidents!
Les cochers sont prudents, les chiens n'ont plus de rage,
Les chevaux de vertige et les gens de courage!
Et, je reste avec un malade, — tout autant...
Oh! n'avoir qu'un malade... et qu'il soit bien portant!
Seulement, sous couleur de croire à son enseigne,
Je me venge, et l'affame, et le purge, et le saigne!
Ah! tu veux suborner ma femme! Il tombe bien!
Une femme qui m'aime et ne me cache rien...
Une femme innocente au point d'en être bête!

Se tournant vers la fenêtre du jardin.

Ah! beau muguet de cour, tu vises à ma tête?
Moi je vise à ta bourse et tu seras Gros-Jean :
Tu n'auras pas ma femme et j'aurai ton argent,
Et de plus, et bientôt, la preuve qui m'importe,

Il gesticule avec fureur.

Et comme alors, tous deux, je vous... jette à la porte!
Oui, tous deux, entends-tu, masque! godelureau!
Coquin! voleur! roué! Fronsac! Lauzun!

Apercevant Pierrot qui rentre, il s'arrête souriant.

Pierrot!

SCÈNE VII

CASSANDRE, PIERROT.

PIERROT.

Le diable mette à sac la boutique enragée !...
La fiole n'est pas où vous l'avez rangée.

CASSANDRE.

Que si !

PIERROT.

Que non !

CASSANDRE.

Que si !

PIERROT.

Que non ! allez-y voir !

CASSANDRE.

Tu veux qu'avant souper...

PIERROT.

Je veux dormir ce soir.

CASSANDRE.

Soit, j'y vais !

Il entre au laboratoire.

SCÈNE VIII

PIERROT, puis MARINETTE.

PIERROT.

Au souper, ta place sera nette.
Un autre la tiendra, j'espère.

Il va à la porte de gauche et appelle.

Marinette !

Psitt ! Marinette !

MARINETTE, entrant.

Eh bien ! que veux-tu ? Me voici !

PIERROT.

Tu vas porter ma lettre...

Isabelle et Octave rentrent lentement.

Eux! tirons par ici.

Pierrot emmène Marinette dans un coin de la scène et lui parle
bas.

SCÈNE IX

PIERROT, MARINETTE, parlant bas, à l'écart,
OCTAVE, entrant au bras d'ISABELLE.

OCTAVE.

Eh quoi, déjà rentrer! Ah! si vous étiez bonne...

ISABELLE.

Trois tours! c'est deux de plus que le docteur n'ordonne...
Seyez-vous!

Elle le fait asseoir sur le canapé.

Je m'en vais ; vous devez être las?

OCTAVE, la retenant.

Non, non, je me sens mieux, non, ne me quittez pas!

PIERROT, à Marinette.

Est-ce dit?

MARINETTE.

Oui, j'entends.

Marinette sort avec la lettre de Pierrot. Pierrot redescend un
peu et écoute.

OCTAVE, languissamment.

Ah! madame Isabelle,

Hélas!

PIERROT, le contrefaisant et à part.

Hélas! Voilà mon amoureux qui bêle!

OCTAVE.

C'est quand vous êtes là qu'alors je me sens mieux :
Ma force est dans vos mains, ma vie est dans vos yeux.
C'est par ces mains de glace et par ces yeux de flamme
Que votre âme m'arrive et se fond dans mon âme.
Ah! l'astre de vos yeux clairs!... A quoi pensez-vous
Quand, avec des regards ou des rayons si doux

Vous les laissez sur moi, comme à présent, descendre ?

ISABELLE, ingénument.

Je pense à mon mari qui m'attend.

OCTAVE.

À Cassandre !

Hélas !

PIERROT, à part.

Hélas ! hélas ! La peste soit du fou !
Qui reste à geindre au lieu de lui sauter au cou.

OCTAVE.

Je ne suis rien pour vous qu'un étranger... malade...

PIERROT, à part.

Si tu te portes bien, prouve-le donc, panade !

OCTAVE.

Ressentez-vous pour moi, même un peu de pitié ?

PIERROT, à part.

De ce, tu peux prétendre à plus de la moitié.

ISABELLE.

Mais... je vous plains.

OCTAVE.

De vous, je voudrais plus encore.

ISABELLE.

Quoi?

OCTAVE.

Devinez-vous pas?

ISABELLE, les yeux baissés.

Non.

PIERROT, à part.

Tu mens toi, pécore!

OCTAVE.

Je voudrais... je voudrais... donnez-moi votre main.

PIERROT, à part.

Bon, cela! cette fois, mon fils, c'est le chemin!

OCTAVE.

N'ayez pas peur de moi! vous n'en devez attendre
Rien que nous ne puissions, moi dire, vous entendre.

PIERROT, à part.

Allons, il sautera!

ISABELLE, tremblante.

Peur de vous? mais pourquoi?

OCTAVE, tremblant aussi.

Moi-même, en ce moment, j'en ai bien peur — de moi.
Ah! si vous le saviez jusqu'où va ma démence!

PIERROT, à part.

Mais, par la sambreguoi! voilà qu'il recommence!..
Il ne sautera pas!

OCTAVE.

Oh! comprenez-moi bien...

ISABELLE, naïvement.

Vous comprendre? Et comment? vous ne me dites rien!

OCTAVE, résolument.

Eh bien!...

PIERROT, à part.

Il sautera!

OCTAVE, avec chaleur.

Puisque, dans mon délire,
Vous ne savez cruelle, ou ne voulez pas lire,

Je vous dirai tout haut ce que je dis tout bas!...

Il s'arrête et timidement.

Vous allez vous fâcher.

ISABELLE, baissant les yeux.

Dame... je ne sais pas...

Apercevant Cassandre.

Mon mari !

Elle s'éloigne d'Octave.

PIERROT, à part.

Voilà diantre, une fine femelle!...
Il ne sautera pas, si, moi, je ne m'en mêle.

SCÈNE X

PIERROT, OCTAVE, couché sur le canapé.
ISABELLE, CASSANDRE, puis MARINETTE.

CASSANDRE, montrant une fiole à Pierrot l'attire dans un
coin et bas :

Voici le narcotique... Et l'argent, maintenant?

PIERROT, voulant prendre la fiole.

Donnez!

CASSANDRE, la cachant.

Mais donne aussi! tu sais, donnant, donnant.

PIERROT, se fouillant.

Est-il prompt?

CASSANDRE.

Foudroyant! et doit faire merveille...
On dort, on dort, on dort.

PIERROT, inquiet.

Ah! mais, on se réveille?

CASSANDRE.

Certe... et ce n'est pas même un sommeil, sois sans peur
Mais une inéluctable et charmante torpeur.

Essayant de prendre l'argent.

Donne!

PIERROT, essayant de prendre la fiole.

Donnez!

Ils échangent la fiole et l'argent.

CASSANDRE.

Voici!

PIERROT.

Voilà!

CASSANDRE, à part.

Je tiens ma somme!...
Et ma preuve bientôt.

MARINETTE, entrant précipitamment et sans voir Cassandre.

Ah! Cassandre! ah! pauvre homme!
Quelle surprise!

CASSANDRE, courant après elle.

Eh quoi!

MARINETTE, courant toujours et feignant de ne pas le voir.

Quel bonheur!

CASSANDRE, même jeu.

Me voilà

MARINETTE, même jeu.

Mais ou se cache-t-il?

CASSANDRE, même jeu.

Mais là! mais là! mais là!

MARINETTE, même jeu.

Où le trouver?

CASSANDRE, même jeu.

Mais là!

MARINETTE, même jeu.

Quelle heureuse ambassade!

CASSANDRE, l'attrapant enfin.

Ah ça, chienne!

MARINETTE.

C'est vous! Ah, monsieur!... un malade!!!

CASSANDRE, joyeusement stupéfait.

Un malade!!!

MARINETTE, lui remettant une lettre.

Tenez! lisez! peut-être deux!!

CASSANDRE.

Deux!... Et ce billet vient?...

MARINETTE.

De lui, monsieur, ou d'eux.

CASSANDRE.

Tu le tiens?..

MARINETTE.

D'un valet qui dans l'instant l'apporte.

CASSANDRE.

Fais entrer.

MARINETTE.

Il n'a pas même passé la porte...
Il était à cheval.

CASSANDRE.

A cheval!

MARINETTE.

En courrier!
Et vient de repartir sans quitter l'étrier.

CASSANDRE, qui lit la lettre.

Que vois-je? Mon chapeau! Marinette! Isabelle!
J'y vole

ISABELLE.

Et le souper?

CASSANDRE. Il se déshabille pour se rhabiller.

Vous me la baillez belle!..
Le souper?... Savez-vous ce qu'on me mande ici?
Le marquis... (A Marinette.) Ma perruque avec ma robe aussi!
Et preste donc! Au lieu d'avancer, je recule...

Marinette lui apporte sa robe et sa perruque qu'il met
tout en parlant.

Le marquis Lélio... (A Marinette.) Va-t-en seller ma mule...
Est tombé... Ses chevaux, en allant à Meudon,
L'ont versé... Les chevaux, enfin, s'emportent donc!
Il est tombé, selon la lettre qui m'appelle...
Il est dans un état désolant, me dit-elle;
Une chute! Je vais vous le saigner à blanc!
Ma trousse! Quelle chance! un état désolant!

ISABELLE.

Mais quand reviendrez-vous?

CASSANDRE.

Je ne sais... tout à l'heure.

Demain... à moins pourtant que le gaillard n'en meure.

Avec joie.

Désolant !

ISABELLE, bas à Cassandre, montrant Octave.

Vous allez me laisser avec lui ?

CASSANDRE, qui finit de s'habiller, et de même.

Au fait, rendez-moi donc les comptes d'aujourd'hui :
Qu'est-ce qu'il vous a dit ?

ISABELLE.

Encor la même chose.

CASSANDRE.

Des mots, toujours des mots. Si c'est tout ce qu'il ose...
Et qu'est-ce qu'il a fait ?

ISABELLE.

Mais il m'a pris la main.

CASSANDRE, l'entraînant.

Venez ! je vous dirai quelque chose en chemin...
Le marquis Lélio !

Regardant par la fenêtre du jardin.

Bon, ma mule est sortie.

Un état désolant! C'est un coup de partie!

Désolant! Que dis-tu, Pierrot, de ce chaland?...

Désolant! désolant! désolant! désolant!...

Il sort en fredonnant et emmène Isabelle.

SCÈNE XI

PIERROT, OCTAVE.

PIERROT, arrachant la couverture d'Octave et le faisant lever du canapé.

En deux temps, quittez-moi la robe de malade

Qui vous rend langoureux, impotent et maussade...

Endossez votre plus fringant habit de cour;

Le moment est venu de pousser votre cour

OCTAVE.

Quoi, tu veux?... Cet habit?... Mais comment Isabelle?..

PIERROT.

Ce soir, je vous invite à souper avec elle.

OCTAVE.

A souper ! mais où donc ? Cela ne se peut pas !

PIERROT.

Et même c'est ici qu'aura lieu le repas.
Vous aurez, pour savoir à quel point l'on vous aime,
Deux heures ! C'est assez, à votre âge !... trop même !..

OCTAVE.

Si j'étais sûr d'oser ! Mais je n'oserai pas.

PIERROT.

Vous oserez !

OCTAVE.

Mais que dira-t-elle, en ce cas ?

PIERROT.

Elle ne dira rien, elle aura bouche close.

OCTAVE.

A quoi bon, si ses yeux ?...

PIERROT.

> Pour ses yeux, même chose
Elle n'y verra goutte et ne soufflera mot.

OCTAVE.

Comment?

PIERROT, lui montrant le narcotique.

Vous voyez bien ceci?

OCTAVE.

> Mais oui, Pierrot !

PIERROT.

Si vous êtes timide ou qu'elle soit sévère,
Je lui verse en secret cette fiole en son verre,
Dès qu'elle aura touché des lèvres la liqueur,
Vous la verrez... vous... bref, vous aurez plus de cœur

Le poussant vers la porte de droite.

Allez vous habiller.

OCTAVE.

> Enfin, par quel prodige?...

PIERROT.

Pas tant de mots! allez vous habiller, vous dis-je.
Courage! c'est ce soir, le sort en est jeté,
Qu'il faut perdre, monsieur, votre... timidité.

Il le fait sortir par la porte de droite.

SCÈNE XII

PIERROT, MARINETTE.

PIERROT.

Ah! Marinette! bon! tu viens à point! Ton maître?

MARINETTE.

Il est parti courant.

PIERROT.

Ta maîtresse?

MARINETTE.

Doit être
Chez elle.

PIERROT.

Et le souper?

MARINETTE.

Le souper, les attend.

PIERROT.

Nous allons l'apporter.

MARINETTE.

Ici?..

PIERROT. Il va avec Marinette à la porte de gauche; la table est derrière, toute préparée; il l'apporte en scène.

Même, à l'instant.

Puisqu'on le mange ici, c'est ici qu'on l'apporte.

MARINETTE, tout en l'aidant.

Ah ça, me diras-tu?..

PIERROT.

Plus tard, retiens la porte

MARINETTE.

Du moins...

PIERROT.

Plus tard, soyons discrets pour être fins....
Mardi ! Mais je me sens toutes sortes de faims !
Eh! le souper et toi vous avez bonne mine.
Tout à l'heure, j'irai vous voir à la cuisine.
Va quérir Isabelle et ne dis pas pourquoi...
Va !

MARINETTE, à part.

Se démène-t-il ! Il me fait rire, moi.

PIERROT.

Quant au secret, attends ; tu le sauras, en somme.

MARINETTE, à part, haussant les épaules.

Il croit que je ne le sais pas ! C'est bête, un homme !

Elle sort.

SCÈNE XIII

PIERROT seul, puis OCTAVE.

PIERROT.

Et maintenant, allons hâter notre amoureux..
Ouf! qu'on a donc de mal à faire des heureux!

Octave entre, toujours dans sa robe de chambre.

Ah! vous!...Comment! toujours vêtu de même sorte?..
Et votre habit, monsieur?

OCTAVE, entr'ouvrant sa robe.

Mon habit, je le porte
Sous ma robe, et je veux le montrer, seulement
Plus tard, quand je verrai qu'est venu le moment.

PIERROT.

Soit !

OCTAVE.

Pourvu qu'à l'aspect de ma métamorphose

9

Isabelle en courroux...

PIERROT.

Pas pour si peu de chose !
Et vous lui plairez plus, cela n'est pas douteux,
Marquis et bien portant, que pauvre et marmiteux.
Puis les femmes, avec leur petit air tartufe,
Vous flairent un amant comme un goinfre une truffe.
On vous flaire ! Et d'ailleurs, aux cas désespérés,
J'ai mon philtre.

OCTAVE.

Comment ?

PIERROT.

Vous verrez ! vous verrez !
La voilà ! je l'entends ! Monsieur, dans l'occurrence,
Rappelez-vous le mot d'un maître en éloquence,
C'est que le grand moyen de persuasion
C'est l'action, monsieur, l'action, l'action !
Vite ! recouchez-vous, en attendant. C'est elle !

SCÈNE XIV

PIERROT, OCTAVE, couché sur le canapé, sous des couvertures et dans sa robe de chambre, ISABELLE.

ISABELLE.

Mais qu'est-ce donc, Pierrot? Et sais-tu qui m'appelle?
Est-ce toi, mon ami?

OCTAVE, faiblement, poussé par Pierrot.

Non, madame, c'est moi.

ISABELLE.

Vous? comment? et la table est mise ici? pourquoi?

OCTAVE, de même.

Je voudrais, un malade a plus d'une manie,
Souper ce soir, madame, en votre compagnie.

ISABELLE.

Souper! Mais le docteur vous défend tout repas.

OCTAVE, de même.

Je vous regarderai, je ne mangerai pas,

PIERROT, à part.

Je t'en défie! Avec ce souper qui s'étale...
Une femme! un souper! c'est pire que Tantale.

ISABELLE.

Mais moi, seule avec vous, est-ce décent cela?

PIERROT, intervenant, d'un air pudique et froissé.

Comment, seule avec lui? mais ne suis-je pas là?
Et puis, d'ailleurs, en quoi craignez-vous qu'il vous vexe?

Bas à Isabelle.

Un malade, madame, est un être sans sexe.

OCTAVE, toujours d'une voix mourante.

Par pitié, faites-moi la grâce que j'attends.

PIERROT.

Mais oui, c'est dit, puisque je reste, A part. pas longtemps.

A Isabelle.

Voulez-vous pas l'aider à s'approcher de table?

ISABELLE, donnant le bras à Octave.

En vérité...

OCTAVE, soutenu par elle, marche vers la table.

Merci, vous êtes charitable.

Il laisse tomber sa tête sur l'épaule d'Isabelle.

ISABELLE.

Eh bien, mais, qu'avez-vous? Pierrot, que fait-il donc?

PIERROT.

N'en prenez pas souci... La faiblesse!

OCTAVE.

Pardon!

ISABELLE.

Oh! le pauvre jeune homme!

OCTAVE.

Il ne faut pas me plaindre.

On le fait asseoir devant la table.

PIERROT.

Là, c'est fait!

A Isabelle.

Vous voyez qu'il n'est pas bien à craindre.

ISABELLE, à Pierrot.

Cela le prend souvent?

PIERROT.

Avec moi, rarement.

ISABELLE, s'asseyant devant la table à son tour.

Votre fantaisie est singulière, vraiment....
Qu'en dira le docteur?

PIERROT, à part.

Oh! la sainte-nitouche!

OCTAVE, dérobant un morceau de poulet froid qu'il engloutit.

Au diable! j'ai trop faim!

PIERROT, à Isabelle.

Il n'est pas si farouche.

ISABELLE.

Et puis, nous ne faisons pas mal.

PIERROT.

Nous faisons bien.
Le dissiper est bon, ou je n'y connais rien.

ISABELLE, étonnée, regardant Octave qui s'efforce de
mâcher sans qu'on le voie.

Mais il mange!

PIERROT.

Beaucoup! Peu fait mal, quoi qu'on die !

Octave, qui étouffe, porte son verre à ses lèvres.

ISABELLE, surprise.

Mais il boit!

PIERROT.

Puisqu'il mange ! Oui, c'est sa maladie.

ISABELLE.

Mais quelle maladie? Où se tient-elle?

PIERROT, servant Octave.

Au cœur.

Plus qu'un fruit... un peu gras.

Il lui met un gros morceau de pâté sur son assiette.

Et deux doigts de liqueur.

Il lui emplit son verre.

C'est le cœur qui défaille, il faut qu'on le soutienne;
Il y répugne un peu, mais qu'à cela ne tienne !

OCTAVE, la bouche pleine et languissamment

Je m'efforce, Pierrot...

PIERROT.

Efforcez-vous, tant pis !

ISABELLE.

C'est une étrange diète à laquelle on l'a mis.

PIERROT, servant Isabelle.

Si madame...

ISABELLE.

Eh ! là ! là ! doucement, sur l'assiette...
Tu me sers comme si, moi, j'étais à la diète.

PIERROT.

Madame a soif peut-être et veut boire ?

ISABELLE, tendant son verre à Pierrot, qui est derrière elle.

En effet !
Verse, Pierrot.

PIERROT verse du vin et le contenu de la fiole dans le
verre d'Isabelle.

Voilà, madame !

OCTAVE, qui l'a vu faire.

O ciel !

Isabelle boit.

PIERROT, bas à Octave.

C'est fait!

C'était un narcotique! Allons! plus de faiblesse,
Elle va s'endormir.

OCTAVE, effrayé.

S'endormir !

PIERROT, à part.

Je vous laisse !

Il fait mine de sortir.

ISABELLE.

Où vas-tu donc, Pierrot?

OCTAVE, inquiet.

Pierrot, ne t'en vas pas !

PIERROT.

Mais je vais vous chercher le restant du repas.

A part.

L'une me fait sourire et l'autre m'exaspère!

Haut.

Je sors et je reviens...

A part.

Et trop tard! — je l'espère.

Il sort.

SCÈNE XV

OCTAVE, ISABELLE.

OCTAVE, à part.

Elle va s'endormir alors, il me l'a dit...
Mais c'est affreux !

Avec soulagement.

Oui! mais ça me rend plus hardi !

ISABELLE, à part.

Il ne me parle pas.

OCTAVE, à part.

J'ai peur qu'elle ne souffre.

ISABELLE.

Quoi? Vous ne mangez plus ?

OCTAVE, à part.

Mais je bois comme un gouffre.

Il boit.

ISABELLE.

Quoi qu'en dise Pierrot, manger moins est prudent.

OCTAVE, à part.

Comme le cœur me bat ! Il le faut, cependant.

Il boit.

ISABELLE.

Mais comme vous buvez ! Prenez garde !

OCTAVE, résolument.

Avec rage !

Madame, c'est pour mieux me donner du courage.

ISABELLE, étonnée.

Mais comme vous avez les yeux brillants, ce soir ?

OCTAVE.

C'est pour mieux lire en vous, madame, et mieux vous voir !

ISABELLE, troublée.

Et comme, tout à coup, votre voix devient claire ?

OCTAVE.

C'est pour mieux vous parler, vous convaincre et vous plaire..

ISABELLE, inquiète.

Je... je vous crois un peu de fièvre; calmez-vous !
Vous avez eu grand tort de souper, entre nous,
Et je m'en veux d'avoir aidé cette escapade...
Un malade jamais...

OCTAVE, éloignant sa chaise de la table.

Je ne suis pas malade !

ISABELLE, troublée.

Faible...

OCTAVE, avec force.

Je ne suis pas faible !

Il se lève.

ISABELLE, plus troublée.

En ce cas, surpris
Quelque peu, par ce vin...

OCTAVE, toujours plus résolu.

Et je ne suis pas gris !

Il s'approche d'elle.

Chère Isabelle !...

ISABELLE, effrayée, s'éloignant.

Alors vous êtes fou !

OCTAVE.

Pas même !

Il ôte sa robe de chambre, la jette sur le canapé et paraît vêtu
de la plus élégante façon.

Je suis homme de cour, ma belle, et je vous aime !

ISABELLE.

Eh ! quoi, vous n'êtes pas...

OCTAVE, cavalièrement.

Je suis riche, marquis,
Et de plus, bien portant, je vous le garantis.

ISABELLE.

Votre mal ?...

OCTAVE.

Un prétexte.

ISABELLE.

Et votre nom ?...

OCTAVE.

Un leurre

J'ai nom Octave.

ISABELLE.

Octave !

OCTAVE.

Ah ! j'attendais cette heure
Depuis deux mois...

ISABELLE, s'éloignant de lui.

Je rêve ou j'ai mal entendu....

OCTAVE, à part, reprenant peur.

Si le breuvage est sans effet, je suis perdu.

ISABELLE.

Est-il possible ? Vous ? De telles fourberies !

OCTAVE, tendrement.

Je vous ai vue, un jour, si belle, aux Tuileries,
Que j'ai pris ce moyen, le plus sûr, le plus doux,
De vivre auprès de vous et d'être plaint par vous,
Car depuis ce jour-là vous avez eu mon âme.

ISABELLE, sévèrement.

Mais, en faisant cela, qu'espériez-vous ?

OCTAVE, troublé.

Madame...

ISABELLE.

Parlez! qu'attendez-vous de moi? que voulez-vous?

OCTAVE.

Que vous m'aimiez! Je vous le demande à genoux

Il se met à genoux.

ISABELLE.

Quand je vous le disais que c'est de la folie!
Et mon devoir, monsieur, et tout ce qui me lie,
Et mon mari qui m'aime et que j'aime!

OCTAVE, révolté, et se relevant.

Allons donc!

ISABELLE.

Comment, monsieur?

OCTAVE.

Non, non, je veux dire... pardon !...

A part.

Elle ne s'endort pas du tout.

Grâce, Isabelle!

ISABELLE.

Oh ! n'ayez peur, monsieur le marquis, que j'appelle;
Si mon mari savait... mais tout serait perdu...
O ciel ! c'est un affront qui ne m'était pas dû !

OCTAVE, aux champs.

Des pleurs !

A part.

Et toujours rien ! La dose est trop peu forte...
Canaille de Pierrot !

ISABELLE.

Sortez !

OCTAVE, interdit.

Moi ! que... je... sorte...

ISABELLE.

Puisque vous refusez, c'est moi qui, dans ce cas...

Elle va vers la porte.

OCTAVE, désolé, à part.

Comment ! elle s'en va !

ISABELLE.

Ne me retenez pas!

Ne...

Elle s'arrête.

C'est étrange !

OCTAVE, à part.

Hein !

ISABELLE, passant la main sur son front.

Rien ! Façonné que vous êtes
Aux triomphes de cour, aux faciles conquêtes...

OCTAVE, naïvement.

Moi !

ISABELLE.

Vous vous êtes dit : Entrons dans la maison...
Ce n'est qu'une bourgeoise et j'en aurai raison...

OCTAVE.

Oh !

ISABELLE, parlant difficilement.

Je suis jeune et riche, et noble, et beau... j'espère...

Elle s'arrête.

Mais qu'ai-je donc, ô ciel !...

10

OCTAVE, à part.

Le narcotique opère.

ISABELLE, même jeu.

Mais il n'est de beauté... de jeunesse... ni d'or...
Qui... je sens...

Elle se laisse tomber sur le canapé.

O mon Dieu !... n'allez... pas...

Elle renverse sa tête en arrière et ferme les yeux.

OCTAVE s'approche sur la pointe du pied et la regarde.

Elle dort !

Enfin ! Il était temps ! Elle s'est défendue !...
Sans le philtre, je crois, ma cause était perdue...
C'est un crime, pourtant, cela !... Comme elle dort !
Ce sommeil me fait peur... il ressemble à la mort.

Effrayé.

Ciel !

Il s'approche et la regarde, penché sur elle.

Mais non... la voilà rose comme l'aurore...
Et d'ailleurs je vois bien qu'elle respire encore.
O ma beauté céleste ! O ma chère vertu !

Peut-être m'entends-tu, peut-être me vois-tu,
A travers le brouillard transparent de ton rêve ?
Crois-moi, tout ce qui brûle et tout ce qui soulève
Une âme encore neuve, un cœur adolescent,
Mon âme en est brûlée et mon cœur le ressent !
Si ma bouche restait obstinément fermée,
Tu n'en étais pas moins éperdûment aimée,
Je ne suis qu'un enfant, ayant jusqu'à ce jour
La peur mystérieuse et folle de l'amour.
Énigme dont le mot perd ou sauve notre âme
Et dont le sphynx terrible et charmant est la femme.
Mais je parle à présent, tu m'entends, n'est-ce pas ?
Eh bien oui ! je commets un crime... doux, hélas !

    Il lui baise les mains.

Mais un crime d'amour et que tu me pardonnes...

    Il l'embrasse au front.

Ce baiser, je ne le prends pas, tu me le donnes ?
Ah ! j'aurais tant voulu ne te devoir qu'à toi..
Ce que je fais est mal...

    Il l'embrasse.

        Très mal !...

Il l'embrasse.

                       Mais, malgré moi,
Je sens que je suivrai la pente de l'abîme...

Il l'embrasse.

Ah! le crime toujours amène un autre crime!

Il l'embrasse.

Grâce!

SCÈNE XVI

ISABELLE, endormie, OCTAVE, PIERROT,
entrant effaré, puis CASSANDRE et MARINETTE.

PIERROT.

Alerte! il revient!

OCTAVE.

Cassandre!

PIERROT, *secouant Isabelle par le bras.*

                    Il est sur nous!

Madame, éveillez-vous!

Il la fait lever du canapé et y pousse Octave.

Monsieur, rendormez-vous!

OCTAVE.

Mais...

PIERROT, l'emmaillottant dans les couvertures.

Plus vite! il me suit!

OCTAVE, se débattant.

Mais...

PIERROT.

Trop tard!

CASSANDRE, paraissant.

Ah! mes drôles!

Inutile, à présent, de rentrer dans vos rôles.
Je vous y prends ainsi que je l'avais prédit.

OCTAVE, à Pierrot.

Perdus!

PIERROT, à Octave.

Attendez!

OCTAVE, à Pierrot.

Mais...

PIERROT, à Octav.

Attendez ! l'on vous dit !

CASSANDRE.

Debout, le moribond, et qu'on passe ma porte !
Cette fois, j'ai ma preuve et, je crois, assez forte ;
De plus, j'ai votre argent ; le tout est au complet.
Maintenant, haut le pied, le maître et le valet !

PIERROT, à Octave.

Restez !

CASSANDRE.

Ouais ! vous pensiez, le Cassandre est un Gille,
Et l'Isabelle étant innocente est fragile ;
Fragile ! il se pourrait, si je n'étais pas là ;
Mais je l'avais d'abord instruite, et me voilà !

PIERROT.

Quoi, madame savait...

CASSANDRE.

Toute votre pratique,

Et que vous lui deviez donner ce narcotique.

Il rit.

Vous croyiez la surprendre, est-ce pas ? Mais tout beau !
D'ailleurs, ce narcotique...

Il rit.

PIERROT.

Eh bien ?

CASSANDRE.

C'était de l'eau !
Il éclate de rire.

PIERROT, à Octave.

Hein ! de l'eau ?

CASSANDRE.

De l'eau pure ! Est-il pas vrai, m'amie ?
Il rit.

OCTAVE, bas à Pierrot.

Mais, Pierrot, cependant elle s'est endormie...

PIERROT, avec un grand étonnement.

Elle s'est... tout de même !

Il regarde Isabelle qui baisse avec confusion les yeux.

CASSANDRE, toujours riant victorieusement.

Eh bien! pour un barbon,
Dites-moi, mes roués, trouvez-vous le tour bon?
Comprenez-vous, au moins?

PIERROT, toujours regardant Isabelle.

Je crois que je commence...

CASSANDRE, qui n'a pas cessé de rire.

Puisque c'était de l'eau!... Sa bêtise est immense!
Elle ne pouvait pas dormir!

PIERROT, riant.

Conséquemment...

CASSANDRE, éclatant de rire.

A moins de s'endormir... exprès!

PIERROT, éclatant aussi.

Parfaitement!

OCTAVE, à part, comprenant tout et regardant Isabelle qui rougit.

O ciel!

CASSANDRE, riant à se tordre.

Quinauds!

PIERROT, de même.

Quinauds !

CASSANDRE, cessant subitement de rire.

Or çà, que l'on éclaire
Ces messieurs de Lauzun, ou plutôt (Riant.) de l'eau claire!
Un flambeau !

Il prend le flambeau des mains de Marinette, et railleusement.

Voulez-vous que ce soit de ma main ?

PIERROT, masquant Octave.

Inutile ! A présent nous savons le chemin...

Bas à Octave.

Et le retrouverons tout seuls, dès demain même !

Pendant que Cassandre va à la porte, sa lumière à la main,
Octave saisit et baise rapidement la main d'Isabelle, qui pousse
un petit cri de surprise.

ISABELLE.

Ah !

CASSANDRE, se retournant.

Hein ?

PIERROT.

Rien !

Faisant à Cassandre les honneurs de la sortie.

Après vous!

Cassandre et Pierrot se font des politesses tout en bouffonnant et se moquant l'un de l'autre. Enfin, Cassandre fait passer Pierrot.

OCTAVE, pendant ce temps, bas à Isabelle.

Je reviendrai... Je t'aime!

Sur l'invitation muette et railleuse de Cassandre, il sort à son tour en envoyant un dernier regard et un dernier baiser à Isabelle, qui demeure songeuse et les yeux baissés. La toile tombe.

FIN DU NARCOTIQUE.

VERS POUR ÊTRE RÉCITÉS

LES REFUS

Je le sais bien que je suis veuve
Que vous m'aimez, je le sais bien,
Mon cher ; vous ne m'apprenez rien.
Et votre antienne n'est pas neuve ;
Mais l'essai ne m'a pas souri
Qu'on m'a fait faire en mon jeune âge.
Est-ce la faute du mari
Ou la faute du mariage ?
Quoi qu'il en soit, non ! non ! et non
Je ne veux plus changer de nom.

Je le sais bien que je suis belle,
Quelle fadeur ! Je le sais bien ;
Mais c'est l'ami qui me voit telle,
Le mari n'en verrait plus rien :
Si beau que le coup d'œil puisse être,
— J'en appelle à votre raison, —
Au bout d'un an dans la maison,
Qui donc regarde à sa fenêtre ?...
Vous joueriez d'abord les Edgards,
J'aurais mes six mois d'Italie,
Et pour la suite — des égards !
Encor, si je restais jolie...

Oh ! vous êtes tout autrement
Et ce serait tout autre chose,
Vous feriez un mari charmant,
Oui, oui, je connais votre glose...
Ne vous récriez donc pas tant ;
Ne faites pas le bon apôtre,
Vous seriez, vous, tout comme un autre...
A moins d'être pire pourtant.

Allez ! pas tant de verbiage,
Pour les femmes, le mariage
C'est le devoir... c'est les enfants...
— Vous riez ! je vous le défends. —
C'est le roman, moins le mystère...
Mais pour vous, je l'ai vu, su, lu,
C'est le bâillement absolu,
Tempéré par quelque... adultère;
C'est la fin de notre roman,
Et notre amour a ce salaire...
Tenez ! Raoul, allez-vous-en,
Vous me mettriez en colère...
Décidément non ! non et non !
Vous pouvez garder votre nom !

Mais pas du tout ! c'est un mensonge,
Vous ne me faites pas horreur,
Vous me plaisez, voilà l'erreur;
Quoiqu'un peu fat, lorsque j'y songe...
Si ! si ! très fat... Comment? pourquoi.
Mais croyez bien que l'on vous voit

Lorsque vous tirez votre manche,
Pour rendre votre main plus blanche ;
Mais cela ne me choque en rien ;
Vous avez des façons que j'aime,
Pour un homme vous êtes bien...
Et, pour un mari, trop bien même.
Mais pensez, l'homme comme il faut,
Pensez à cette heure cruelle
Où je vous verrais un défaut,
Même un vice... ou de la flanelle!...
Hein ? Comment ? Vous n'en portez point ?
Tant mieux! je vous donne un bon point.
Mais alors vous ronflez peut-être ?...
Quoi ! non plus ! Pas même tout bas ?
Comment le savez-vous ? Ah ! traître !...
Eh ! bien non, ne vous fâchez pas !
Mon Dieu ! c'est vrai, je vous afflige ;
Mais où voyez-vous la douceur,
Ayant une amie, une sœur,
D'en faire votre femme lige ?
Pour être un époux triomphant,
Qu'aurez-vous de moi davantage ?...

Ah! Raoul, vous êtes enfant!...
Vraiment, je vous croyais plus sage...
Que va-t-il penser? non! oh! non...
Raoul, cela n'a pas de nom!

. . . . : . . . . .

Eh! bien, vous quittez votre chaise!
C'est moi qui vous chasse!... Ah! nenni,
C'est vous qui partez... à votre aise;
Mais si vous partez, c'est fini!...
Partez! c'est dit, il faut le faire...
Ah! nous prenons le ton moqueur...
Soit! cela ferait mon affaire...
Ah! pour ceci, non! j'ai du cœur!...
Je ne suis pas froide!... je vibre!...
Mais si, je vibre, il est charmant!
Tout comme un autre! seulement,
Il me faudrait, quand je suis libre,
Me réenchaîner avec lui,
En deux temps! sur l'heure! aujourd'hui!...
Raoul! Mais c'est de la folie...

11

Raoul! Monsieur!... Pas à genoux!
Je vous défends!... Je vous supplie...
Si l'on entrait!... relevez-vous!...
Voyez où ma bonté vous mène...
Vous me faites beaucoup de peine...
Non! plus tard... nous verrons... demain....
En attendant, laissez ma main
Que vous me serrez jusqu'au coude...
Allons, bon! Le voilà qui boude!
Oh! le caractère infernal!
Hein? comme l'on serait heureuse?
Mais non, je ne vous fais pas de mal,
C'est une vieille phrase et creuse!...
Vous pleurez?... Raoul!... parlez-moi!
Je vous crois, ami, je vous croi!...
Mais que voulez-vous qu'on vous dise!
Vous m'aimez, mais voyez la fin...
Je suis encor trop jeune, enfin...
Ah! nous ferons quelque sottise!..
Voyons, cher, cher, du calme ici.
Vous me causez un trouble extrême...
Ne me regardez pas ainsi...

Non ! Non ! Non ! Mais si je vous aime...
Raoul ! Raoul ! n'abusez pas !...
Raoul ! Je n'ai pas dit... Vous êtes !..
De grâce, au moins, parlez plus bas !
De grâce... quel homme vous faites !...
Mais calmez-vous !... à quel propos...
Devant vos pleurs, je suis sans arme..
Ah ! ce qu'il perd avec des mots
Il le gagne avec une larme !...
Non !... Raoul !... J'ai beau dire non,
Je crois que j'y perdrai mon nom !

POURQUOI?

Que cela me rende rêveuse,
Voilà ce que je sais très bien,
Mais heureuse ou bien malheureuse...
En vérité, je n'en sais rien :
Je chante, je ris, je suis folle,
Et je cours comme un oiseau vole,
Puis tout à coup, je ne sais quoi
M'oppresse, qui n'est pas sans charmes,
Et je me mets à fondre en larmes...
        Pourquoi?

C'est hier qu'à la dérobée,
Ainsi, toute seule et tout bas,
Ma première larme est tombée...
Et cela ne s'arrête pas!
Tout le long du jour, je soupire
A me faire éclater de rire,
Et toute la nuit, en émoi,
Je fais et je refais un rêve
Qui jamais, hélas! ne s'achève...
      Pourquoi?

Parfois j'ai des torpeurs étranges,
Je reste là, les yeux au ciel,
A regarder passer les anges,
Ce qui ne m'est pas naturel;
Je suis vaguement inquiète,
Il me vient des mots de poète :
Espoir! amour! extase! foi!
Et je me répète à moi-même
Pendant des heures : je vous aime!
      Pourquoi?

Ah ! que je voudrais être belle !
Avoir vingt ans comme ma sœur :
On lui dit: « Vous » « Mademoiselle »...
Des choses pleines de douceur,
D'une voix qui m'est inconnue...
Mais moi, la dernière venue,
On me dit : « petite » ou bien : « toi »,
On m'embrasse sans prendre garde
Et personne ne me regarde...
            Pourquoi ?

Encore, si j'étais malade,
Être malade est si joli,
On prend un petit air maussade,
On va de sa chaise à son lit
Dans une longue robe blanche,
On se tient comme un lys qui penche,
On est pâle !... tandis que moi
Je me porte bien, je suis rose,
Oh ! quelle insupportable chose !
            Pourquoi ?

Mais se peut-il qu'on s'évertue
A pleurer ainsi dans les coins?
On dit que le chagrin nous tue,
S'il me faisait maigrir, au moins.
Et tenez ! cela recommence,
Si ce n'est pas de la démence.
Mais enfin, qu'est-ce que j'ai? quoi ?
Oh ! quel service il va me rendre,
Le premier qui saura m'apprendre
      Pourquoi ?

LE SECRET

DE MA TANTE ZÉPHYRINE

Ma pauvre tante Zéphyrine !
Je la vois en fermant les yeux :
Les tout petits aiment les vieux, —
Puis elle était notre voisine ;
Je m'échappais à chaque instant
Pour aller la voir tricotant,
De sa main blanche, alerte et fine,
Ce n'était pas bien gai, pourtant...
Ma pauvre tante Zéphyrine !

Je la trouvais au coin du feu,
Dans ses vieux meubles de l'Empire
Où l'âme d'un passé respire,
Tricotant toujours, parlant peu ;
Mais les sphinx dorés sous les gazes,
Les lyres d'albâtre, les vases,
Et les tiroirs qui sentaient bon,
Tout me jetait dans des extases...
Et peut-être aussi le bonbon.

Vêtue en mère-grand', coiffée,
D'un éternel bonnet de nuit,
Pâle, sombre, marchant sans bruit,
Pour moi c'était comme une fée.
Personne ne la venait voir ;
Elle ne sortait de son ombre
Qu'une fois l'an, mais toute en noir,
Et ne revenait que le soir,
Encor plus pâle, encor plus sombre...

Et quand je demandais pourquoi?
— N'étant pas d'âge où l'on devine —
Ma mère répondait: « Tais-toi !
C'est le secret de Zéphyrine. »

Je m'asseyais à ses genoux,
Lisant un livre où l'on s'applique,
Sentant sur moi le poids si doux
De son regard mélancolique;
Elle abandonnait son tricot,
Et restait là, sans dire un mot,
Sans bouger, comme inanimée
Sans m'embrasser même, et pourtant
Pourquoi donc, moi, l'aimais-je tant
Et m'en sentais-je tant aimée?

Parfois, je bâillais... un peu fort,
Quand j'étais lasse de me taire ;
Elle, comprenant mon effort,
Ouvrait la commode au mystère,

Cette commode d'acajou
Dont les tiroirs sentaient les roses,
Elle en tirait un vieux joujou
Du milieu de beaucoup de choses,
En me disant : « Prends-en bien soin »
Et j'allais jouer dans un coin
Avec ce vieil objet à franges,
Usé, terni, sans forme et laid,
Mais magnifique, il me semblait...
Les enfants ont des goûts étranges.

D'autres jours dont je me souviens,
Quand j'entrais, elle disait : « Viens !
(Sa figure était singulière)
» Viens nous amuser, si tu veux. »
Puis elle arrangeait mes cheveux,
Et m'habillait à sa manière
D'anciens chiffons tirés aussi
De l'inépuisable commode ;
Et, lorsque j'étais faite ainsi,
Los bras nus, à la vieille mode,

Elle disait : « Dis-moi : maman »,
Et me suivait obstinément
De cet œil sec, rouge et qui brille,
Des gens qui pleurent en dedans,
Et murmurait entre ses dents :
« Ma fille ! Ma fille ! Ma fille !... »

Mais quand je demandais pourquoi ?
— N'étant pas d'âge où l'on devine, —
Ma mère répondait : « Tais-toi !
C'est le secret de Zéphyrine. »

Jours qui ne devraient pas finir !
A quel prix le bonheur s'achète !
Que de pleurs pour un souvenir,
Fleur d'adieu que le temps nous jette !
Un matin, ma mère me prit,
Entra chez elle, ouvrit sa porte...
Ma tante dormait sur son lit,
Et l'on me dit qu'elle était morte !
Moi, je pleurais, mais sans penser

Que la mort était si cruelle ;
Et comme alors, pour l'embrasser,
Ma mère me penchait sur elle,
Je vis à son cou le portrait
D'une enfant qui me ressemblait...
Je suis à l'âge où l'on devine,
Maintenant, je sais son secret...
Ma pauvre tante Zéphyrine !

VERS POUR ÊTRE LUS

CONSEIL

Avec ce monde aimable et faux, pas d'alliance.
Ne livre aux trahisons de ces hommes distraits
Ni les illusions frêles de ta croyance,
Ni la virginité sainte de tes regrets.

Espère et souffre seul, et défends tes secrets,
Même contre l'amour et, dans sa défaillance,
Garde cette pudeur qu'ils nomment méfiance,
Et n'ouvre pas ton cœur : tu t'en repentirais.

12

Songe qu'entre leurs mains tes secrets sont des armes,.
Respecte la fierté solitaire des larmes,
Ne découronne pas ta douleur de l'orgueil.

Donne au monde ton rire et ces gaités qu'il aime,
Et conserve pour toi le meilleur de toi-même :
La joie inviolée et sombre de ton deuil.

PETITS BONHEURS

Que ne suis-je de ceux qui, du matin au soir,
N'ont, dans leur vie étroite et pourtant affairée,
Pour unique tourment et pour unique espoir
Qu'une chose futile ardemment désirée ?

Leurs combats sont obscurs et leur joie ignorée,
Ils ne veulent qu'un livre ou le dahlia noir,
Mais c'est éperdument, et font plus pour l'avoir
Que le plus amoureux pour la plus adorée.

Ils désirent toujours et ne sont jamais las,
Nos dégoûts et nos deuils ne les atteignent pas,
Leur passion a fait autour d'eux comme un vide ;

Heureux l'être ainsi fait qui, dans son rêve aimé,
Vit insensible et seul, et qui meurt enfermé
Dans cette prison d'or comme la chrysalide.

LA VILLA DU BANQUIER

La grille tout en fer de tôle est recouverte.
C'est une belle grille, on ne peut le nier :
Un garçon de bureau, plutôt qu'un jardinier,
S'y tient grave et bien mis, la tête découverte.

Irréprochablement unie, ovale et verte,
La pelouse, — un tapis sans rien de printanier, —
Semble attendre un conseil facile à manier
Et dire aux invités : « La séance est ouverte. »

La serre en cabinet, l'allée en corridor
Les plantes vert-papier, la salle jaune d'or,
La boule ayant des airs de lingot, rien n'y manque ;

Au fond, comme une caisse, assise carrément,
La Villa s'entrevoit, au sein d'un bois charmant
Où la feuille a ces bruits qu'ont les billets de banque

A part l'être et l'instinct qu'en naissant il reçoit,
L'homme, de son néant a tiré toute chose :
L'âme n'était qu'un souffle et l'amour qu'une loi ;
Il avait l'églantine, il en a fait la rose.

Il n'adore en son Dieu que l'œuvre de sa foi ;
Lui-même est un Dieu qui jamais ne se repose,
Il est sa propre fin comme sa propre cause,
Et rien n'est s'il n'a dit : Je veux que cela soit !

C'est qu'en réalité sa vie est dans son rêve :
C'est pour lui qu'il combat, c'est par lui qu'il s'élève,
C'est en lui qu'est sa force et qu'est sa liberté.

Il guérit ce qu'il souffre avec ce qu'il espère;
Doutant par la science, il croit par le mystère,
Et la mort le convainc de l'immortalité.

MYSTÈRE

D'où te viendra l'amour, enfant sereine et blonde,
Qui troublera ton âme en sa limpidité ?
Ce n'est pas le hasard qui la rendra féconde,
Il n'éclatera pas dans cette paix profonde,

Comme un ardent éclair dans une nuit d'été,
Non ! un pareil amour offense ta beauté...
Il est sous ta candeur comme une fleur sous l'onde
Et doit s'épanouir avec tranquillité.

Sous le miroir poli de ta blanche poitrine
L'amour flotte indécis, comme la fleur marine
Qui d'en bas vers le jour s'élève obscurément;

L'onde n'a dit encore son secret à personne,
Mais par un clair soleil, le ciel rit, l'eau frissonne...
Et la fleur merveilleuse émerge lentement.

NIRVÂNA

Si tu veux être heureux comme tout t'y convie,
Ne te demande plus ni comment, ni pourquoi,
Laisse là sans regrets ta chimère, crois-moi,
Lasse, elle aussi parfois, mais jamais assouvie;

Réduis ton large espoir à quelque étroite envie,
Et puisque tout amour n'est que l'amour de soi,
Garde cet égoïsme ou cet amour pour toi,
Et jusqu'à vivre enfin rapetisse ta vie.

Et si tu peux aller dans l'abêtissement
Jusqu'à tuer en toi, même le mouvement,
Par l'inepte labeur de quelque tâche infime,

Libéré de ton âme et libre de ton corps,
Heureux du seul bonheur humain, savoure alors
Les calmes voluptés de cette mort intime.

LES DEUX DIEUX

L'homme a besoin d'un Dieu qui soit à son image.
Il lui donne la forme et la barbe d'un vieux,
Le loge dans le ciel, ne pouvant faire mieux,
Et magnifiquement l'habille comme un mage.

Ce dieu-là — le Bon Dieu — penché sur son nuage,
C'est le premier qu'il voit quand il ouvre les yeux,
Le dernier qu'il comprend, quoique mystérieux,
Et c'est le seul enfin auquel il rende hommage.

Quant à l'autre : entité, force, matière et loi,
Le dieu de sa raison et non pas de sa foi,
C'est celui qu'il discute, avec lequel il compte ;

Il le connaît trop bien pour croire à son appui,
Et trop peu pour oser répandre devant lui
Ses secrets sans pudeur et ses larmes sans honte.

DILEMME

Sois fier, tu marcheras de combats en vacarmes.
Sois humble, chacun va te traiter en valet.
Sois riche, tes amis te prendront au collet.
Sois pauvre, au lieu d'amis, ce seront les gendarmes.

Sois franc, et contre toi tu donneras des armes.
Sois fin, mais prends bien garde au code, s'il te plaît !
Sois aimant, et c'est toi qui verseras des larmes ;
Sois aimé, c'est un autre — autre air, même couplet !

Sois seul, tu maudiras le néant de ta vie;
A deux, tu pleureras ta liberté ravie...
Que faire enfin pour être et ne pas avoir tort?

Sois quelqu'un, ne sois rien, aie ou non du génie,
Sois de ceux que l'on raille ou de ceux que l'on nie,
Tu n'as qu'un seul moyen d'avoir raison : Sois mort!

A partir du baiser qui lui donna la vie,
L'enfant mystérieux, cette fleur de ta chair,
Que toute mère admire et toute femme envie,
Prend ton être pour être et t'en devient plus cher.

Et comme il a ton sang, mais plus vif et plus clair,
Et ton ardeur de vivre à cette heure assouvie,
Il lui faudra — les fleurs ont le soleil et l'air —
Ta pensée absorbée et ton âme asservie.

13

Il prend ce que tu perds, de la force à l'espoir,
C'est lui qui devient toi ; grâce à lui, tu peux voir
Ton recommencement d'existence éternelle;

Épuise ton amour à cet enfantement,
Et meurs sans cesse en lui qui naît incessamment...
Et ne demande plus si l'âme est immortelle !

Quelle séduction étrange a donc l'enfant?
Vient-elle de sa grâce ou bien de sa faiblesse?
Ou de cet égoïsme à l'aise et triomphant
Qui charme autant chez lui que chez un autre il blesse?

A peine il te connaît, plus tard il te délaisse,
Mais il lui suffit d'être, et, rien ne t'en défend,
Voilà ta main qui s'ouvre et ton cœur qui se fend...
Pour tout ce qu'il te prend, qu'est-ce donc qu'il te laisse?

Car c'est toi tout entier qu'il vient de conquérir ;
Pour lui tu vas lutter, désespérer, souffrir,
Trembler à chaque plainte, épier chaque envie ;

Et pourtant ne dis pas que tu ne lui dois rien,
Par lui tu vas aimer, et, pour un pareil bien,
Tu verras que c'est peu de lui donner ta vie.

Si je mourais demain, ma fille bien-aimée,
A peine verrait-on tes yeux clairs se ternir ;
Un autre te dirait que je vais revenir,
Et cela suffirait, et tu serais calmée.

Si je mourais demain, mon vague souvenir
S'effacerait bientôt comme de la fumée,
Et, dans ton âme encore assoupie et fermée,
Mon amour sans passé n'aurait pas d'avenir.

Ce qui me serait dur, si je mourais si vite,
Ce n'est pas de laisser, ô ma chère pĕtite,
Tes yeux sans une larme et ton front sans un pli ;

Mais ne plus exister, même dans ton sourire!...
C'est à ne pas savoir ce que Dieu voulait dire,
Lui qui créa l'amour quand il créa l'oubli !

A MA LECTRICE

Ce qui donne la force au poète, et l'espoir,
Dans son rude labeur, qui jamais ne s'achève ;
Ce qui, sans que pourtant il le puisse savoir,
S'il faiblit le soutient, s'il tombe le relève,

Ce n'est pas le succès, malgré tout son pouvoir,
Ni ce mal de créer qui l'obsède sans trève,
Ni son œuvre non plus, désespérante à voir
De toute la hauteur dédaigneuse du rêve.

Non, mais c'est quelque part, sur ses vers lus tout bas,
Une larme qui tombe et qu'il ne verra pas ;
L'écho charmant que fait son âme dans une âme,

Un soupir qu'il éveille et qui meurt loin de là ;
Moins qu'un soupir... que sais-je?... Il est vrai que cela
C'est presque de l'amour, n'est-il pas vrai, madame?

FIN.

TABLE

COMÉDIES

VERS POUR ÊTRE RÉCITÉS

VERS POUR ÊTRE LUS

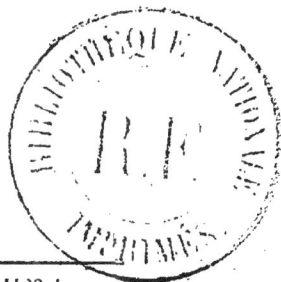

PARIS. — IMPRIMERIE CHAIX. — 14432-1.

CALMANN LÉVY, ÉDITEUR

DU MÊME AUTEUR :

L'AGE INGRAT, comédie en trois actes.
L'AUTRE MOTIF, comédie en un acte.
LE CHEVALIER TRUMEAU, comédie en un acte, en vers.
LE DÉPART, poésie dite au Théâtre-Français.
LE DERNIER QUARTIER, comédie en deux actes, en vers.
L'ÉTINCELLE, comédie en un acte.
LES FAUX MÉNAGES, comédie en quatre actes, en vers.
HÉLÈNE, tragédie bourgeoise en trois actes, en vers.
LE MONDE OÙ L'ON S'AMUSE, comédie en un acte.
LE MONDE OU L'ON S'ENNUIE, comédie en trois actes.
LE MUR MITOYEN, comédie en deux actes, en vers.
LE PARASITE, comédie en un acte, en vers.
PENDANT LE BAL, comédie en un acte, en vers.
PETITE PLUIE...., comédie en un acte.
PRIÈRE POUR LA FRANCE, poème dit au Théâtre-Français.
LE SECOND MOUVEMENT, comédie en trois actes, en vers.

AMOURS ET HAINES, un volume.
LES PARASITES, un volume.

PARIS. — IMPRIMERIE CHAIX, 20, RUE BERGÈRE. — 14424-6.